最新版

教师公开招聘考试指导用书

教育理论基础知识

全真模拟测试及精析

幼儿园部分

教师公开招聘考试命题研究组　编写

中国人事出版社

图书在版编目(CIP)数据

教育理论基础知识全真模拟测试及精析. 幼儿园部分/教师公开招聘考试命题研究组编写. —北京：中国人事出版社，2013
教师公开招聘考试指导用书
ISBN 978－7－5129－0644－0

Ⅰ.①教… Ⅱ.①教… Ⅲ.①教育理论-幼教人员-聘用-资格考试-习题集 Ⅳ.①G40－44

中国版本图书馆 CIP 数据核字(2013)第 294846 号

中国人事出版社出版发行
(北京市惠新东街 1 号 邮政编码:100029)
*
保定市中画美凯印刷有限公司印刷装订 新华书店经销
787 毫米×1092 毫米 16 开本 7.5 印张 146 千字
2014 年 1 月第 1 版 2014 年 1 月第 1 次印刷
定价:26.00 元

读者服务部电话:(010)64929211/64921644/84643933
发行部电话:(010)64961894
出版社网址:http://www.class.com.cn

编委会名单

前言

为配合各省市教师公开招聘考试工作的推进，帮助广大有志于投身教师行业的考生能在最短时间内高效备考，顺利通过考试，我们本着为考生负责的态度，组织相关专家学者在认真研究分析全国各地教师公开招聘考试历年真题基础上，结合幼儿园、小学、中学三个学段的《教育理论基础知识》，精心编写了这套《教育理论基础知识全真模拟测试及精析》，期望能为广大考生的复习带来实质性的帮助。

本套试卷，分别从幼儿园、小学、中学三个学段出发，精选全国部分省市教师公开招聘考试真题，结合考试时间、考试内容和考试难度，汇编成五套真题，供广大考生备考演练。同时，我们严格按照考试大纲要求，结合近年来教师公开招聘考试的命题趋势和考试重点，总结教育政策法规的重要知识，配套各学段的《教育理论基础知识》，编写了五套押题预测试卷，以供考生自查知识掌握程度，便于温故而知新。每套试卷，均附有参考答案及解析。

本套试卷力求在考试内容、考试难度上最大限度地贴近实战、反映实战。需要说明的是，由于全国各地考试题型不一，本套试卷在题型设置上也没有统一格式，而是注重反映不同省份要求，统一规划、统筹布局，力争题型搭配规范、题目考查有度、题量设置科学。

本套试卷，具有以下特点：

一、专家编著，权威预测

本套试卷由多位教育理论专家和具有实战经验的一线教师在深入研究近年来教师公开招聘考试、特岗教师选拔考试的基础上精心打造，是多年辅导经验与智慧的结晶，做到了理论和实践的完美结合，具有较强的前瞻性和预测性。

二、全真试题，标准强化

这十套试卷，分别由真题和模拟试题汇编而成，收录了单选题、多选题、填空题、判断题、简答题、论述题、案例分析题和写作题等8大题型。这些题型配合科学的数量，进行有机组合，形成真题汇编和押题预测试卷，帮助考生进行针对性的强化训练，避免陷入漫无边际却收效甚微的题海苦战。

三、内容完备，划分科学

全套试卷包括教育理论基础知识和学科专业知识两部分，按学段加以科学划分，同时还考察了部分时事政治和教育政策法规，具有内容完备、知识全面、题型灵活、包容万千的特点，有助于帮助考生从宏观层面对考试内容有准确把握。任考试试题万变，考试题型不离其宗。

四、契合大纲，浓缩考点

专家全面深入研究考试大纲，在全面概括各类教师公开招聘考试的所有考试内容的基础上，从最基本最重要的考点入手，将常考知识点糅合于各种不同题型中，做到创新求变，高度契合考试内容，从微观角度剖析教师公开招聘考试之精髓，还原教师公开招聘考试之全景。

最后，预祝考生借助本套试卷的演练测试，取得满意成绩，实现金榜题名！

编委会

2013年12月

目　录

教师公开招聘考试教育理论基础知识

真题汇编试卷(一)

(满分:100 分　时间:120 分钟)

题　号	一	二	三	四	五	总分
题　分	20	20	24	22	14	100
得　分						

总分合计人(签名)____________　总分复核人(签名)____________

复查总分____________　复查人(签名)____________

得分	评卷人

一、单项选择题(共 20 题,每题 1 分,共 20 分。在每题的备选项中,只有 1 个最符合题意。错选、多选或未选均不得分)

1. 儿童能区分桔子和橙子,其使用的感知觉是(　　)。

A. 视觉　　B. 触觉　　C. 感觉　　D. 感知

2. 儿童认为花盆不听话才摔破了,这属于(　　)。

A. 道德方面的自我中心　　B. 认知方面的自我中心

C. 情感方面的自我中心　　D. 社会方面的自我中心

3. 学前教育阶段美育的重点在于培养幼儿(　　)。

A. 美学知识　　B. 发现美、欣赏美的能力

C. 表现美的技能　　D. 审美动机

4. 我国幼儿园的教学是(　　)。

A. 幼儿的活动　　B. 教师的活动

C. 幼儿与教师的活动　　D. 个别活动

5. 幼儿园的课程和教学应该以(　　)。

A. 老师的个人经验和教材为基础　　B. 幼儿园现有条件为域限

C. 幼儿家长的要求为导向　　D. 幼儿已有的经验和兴趣为基础

6. 学前儿童音乐教育的总目标是歌唱、韵律活动、打击乐演奏和(　　)。

A. 音乐创造　　B. 音乐欣赏　　C. 音乐感受　　D. 音乐理解

7. “引导幼儿初步感知世界著名的人文景观及优秀艺术精品，萌发对世界文化的兴趣”是(　　)的社会教育目标。

A. 托儿所　　B. 幼儿园小班

C. 幼儿园中班　　D. 幼儿园大班

8. 活动教育观的理论依据是(　　)。

A. 儿童语言学习系统理论　　B. 三环学说

C. 完整语言理论　　D. 认知与发展理论

9. 能有效地提高幼儿认识、情感、意志与行为水平且能充分发挥幼儿主体作用的教育方法是(　　)。

A. 复述法　　B. 讨论法　　C. 故事法　　D. 提问法

10. 提出“父母是孩子的第一任教师”主张的教育家是(　　)。

A. 陶行知　　B. 张雪门　　C. 福禄贝尔　　D. 陈鹤琴

11. 个性心理特征包括(　　)。

A. 心理过程、心理状态、能力倾向　　B. 能力、气质、性格

C. 感知觉、记忆、想象、思维　　D. 认知过程、情感过程、注意过程

12. “破涕为笑”的现象说明幼儿的情绪和意志受(　　)影响。

A. 记忆　　B. 知觉　　C. 注意　　D. 表象

13. 教师通过各种直观教具和实物使得学生获得感性认识，该教师运用了(　　)。

A. 观察法　　B. 范例演示法　　C. 示范法　　D. 范例法

14. 天空中过往飞机的轰鸣引起儿童不由自主的注意，这是(　　)。

A. 无意注意　　B. 有意注意

C. 无意注意和有意注意两者均有　　D. 选择性注意

15. “一目十行”“眼观六路、耳听八方”指的是注意的(　　)。

A. 稳定性　　B. 选择　　C. 范围　　D. 广度

16. “利用红色可以做什么”属于(　　)发散思维。

A. 用途扩散　　B. 结构扩散　　C. 方法扩散　　D. 形态扩散

17. 人类认识活动的中心是(　　)。

A. 感觉　　B. 知觉　　C. 想象　　D. 思维

18. 婴儿最初掌握语音是通过(　　)学会的。

A. 强化　　B. 模仿　　C. 辨音　　D. 自发

19. 幼儿有意动作发生的标志是(　　)。

A. 反射的建立　　B. 无条件反射的消退

C. 手眼协调动作的出现　　D. 幼儿能够抬头

20. 一般来说,偏爱自然科学,且自尊心较强的学生的认知风格属于(　　)。

A. 场依存性　　B. 场独立性

C. 沉思型　　D. 冲动型

得分	评卷人

二、多项选择题(共 10 题,每题 2 分,共 20 分。在每题的备选项中,有 2 个或 2 个以上符合题意,至少有 1 个错项。错选,本题不得分;少选,所选的每个项得 0.5 分)

1. 幼儿教师劳动的特点是(　　)。

A. 创造性　　B. 细致性

C. 全面性　　D. 灵活性

E. 长期性

2. 幼儿游戏的特点有(　　)。

A. 游戏是幼儿自主的活动　　B. 游戏无强制性的外在目的

C. 游戏伴随着愉悦的情绪体验　　D. 游戏活动是在假想的情景中发展的

E. 游戏对幼儿没有多大作用

3. 学前儿童社会教育的总目标为(　　)。

A. 能独立自主地完成任务

B. 乐意与人交往,学习互助,合作和分享,有同情心

C. 理解并遵守日常生活中基本的社会行为规则

D. 能努力做好力所能及的事,不怕困难,有初步的责任感

E. 爱父母长辈、老师和同伴,爱集体,爱家乡,爱祖国

4. 根据学习的定义,下列属于学习的现象是(　　)。

A. 吃了酸的食物流唾液　　B. 望梅止渴

C. 蜘蛛织网　　D. 儿童模仿电影中人物的行为

E. 了解低碳生活并付诸行动

5. 学生具有三种最基本的内在动机,即(　　)。

A. 探索内驱力　　B. 好奇内驱力

C. 胜任内驱力　　D. 互惠内驱力

E. 尊重内驱力

6. 布鲁纳认为任何知识结构都可以用表象形式呈现，以下属于他提出的呈现方式的有(　　)

A. 动作表象　　B. 图像表象

C. 符号表象　　D. 情感表象

E. 行为表象

7. 下列属于加涅对学习结果进行分类的是(　　)。

A. 言语信息的学习与智慧技能的学习　　B. 认知策略的学习与态度学习

C. 连锁学习与辨别学习　　D. 信号学习与概念学习

E. 知识学习与技能学习

8. 根据性格的特征差异，可将性格分为(　　)。

A. 外倾型　　B. 内倾型

C. 理智型　　D. 情绪型

E. 意志型

9. 智力的群体差异包括(　　)。

A. 性别差异　　B. 年龄差异

C. 种族差异　　D. 个体的构成成分差异

E. 社会文化差异

10. 学生的学习内容有(　　)。

A. 知识、技能的掌握　　B. 学习策略的掌握

C. 潜意识的挖掘　　D. 问题解决能力和创造性的发展

E. 道德品质和健康心理的培养

得分	评卷人

三、简答题(共 4 题，每题 6 分，共 24 分)

1. 谈谈我国幼儿教师的基本权利和义务。

2. 简述幼儿园课程目标制定的主要依据。

3. 简述幼儿园环境的特点。

4. 简述幼儿记忆发展的特点。

得分	评卷人

四、论述题(共2题,每题11分,共22分)

1. 幼儿园与社区合作的具体方式有哪些?

2. 论述研究幼儿心理的基本原则。

得分	评卷人

五、案例分析题(共1题,每题14分)

李先生的儿子今年3岁,名叫浩浩,刚上幼儿园不到三周。最近,李先生发现浩浩回家后不是埋头不语、就是大喊大叫，一提起幼儿园就万分恐惧，对任何人都不理不睬，有时候还大小便失禁。一天，浩浩要小便的时候，李先生帮他脱下裤子，竟然发现浩浩大腿两边各有几块青紫，更令人触目惊心的是，其中有一处深深的、特别明显的指甲印……

请结合案例，谈谈你对教师体罚行为的看法。

教师公开招聘考试教育理论基础知识

真题汇编试卷(二)

(满分:100 分　时间:120 分钟)

题　号	一	二	三	四	五	六	总分
题　分	20	20	10	15	20	15	100
得　分							

总分合计人(签名)____________　总分复核人(签名)____________

复查总分____________　复查人(签名)____________

得分	评卷人

一、单项选择题(共 20 题,每题 1 分,共 20 分。在每题的备选项中,只有 1 个最符合题意。错选、多选或未选均不得分)

1. 幼儿园定期或不定期向家长开放,并邀请家长来观摩和参观的活动形式是(　　)。
   A. 家长会　B. 家长学校　C. 家长委员会　D. 家长开放日
2. 发展适宜性原则是当今幼教界提倡的一种教育理念,提出这一原则的是(　　)。
   A. 中国学前教育研究会　B. 日本学前教育研究会
   C. 美国学前教育研究会　D. 英国学前教育研究会
3. 下列不属于智育内容的是(　　)。
   A. 发展智力　B. 培养求知兴趣
   C. 良好的学习习惯　D. 热爱祖国的情感
4. 作为一名幼儿教师,必须保持一颗(　　),因为它是教师通往每个孩子心灵的桥梁。
   A. 童心　B. 真心　C. 爱心　D. 热心
5. 幼儿园对幼儿实施的教育包括(　　)。
   A. 体、智、德、美诸方面　B. 美、心、体、智诸方面
   C. 德、智、体、美、劳诸方面　D. 智、德、体、心诸方面

6. 全班幼儿在同一时间内做相同的事情，活动过程以教师的引导和组织为主的活动是(　　)。

A. 小组活动　　B. 集体活动　　C. 个别活动　　D. 自由活动

7. 幼儿在结构游戏中，由独自搭建发展为能与同伴联合搭建，主要反映了游戏中幼儿(　　)的水平。

A. 建构形式发展　　B. 确定游戏主题

C. 运用材料　　D. 社会性发展

8. 在直观形象法中示范性最强的是(　　)。

A. 观察法　　B. 演示法　　C. 示范法　　D. 范例法

9. 与幼儿园相比，家庭教育的特点是(　　)。

A. 组织性　　B. 目的性　　C. 计划性　　D. 随意性

10. 目前我国幼儿园和家庭相互配合的形式中最常用的一种形式是(　　)。

A. 开放日　　B. 家长会　　C. 家访　　D. 家长委员会

11. “3 岁看大，7 岁看老”这句话反映了幼儿心理活动(　　)。

A. 整体性的形成　　B. 稳定性的增长

C. 独特性的发展　　D. 积极能动性的发展

12. “童言无忌”从心理学角度看是(　　)。

A. 超常的表现　　B. 父母教育不当所致

C. 符合儿童年龄特征的表现　　D. 儿童心理发展之后的表现

13. 属于幼儿教育的一般原则的是(　　)。

A. 保教结合的原则　　B. 以游戏为基本活动的原则

C. 尊重儿童的人格尊严　　D. 教育活动的多样性原则

14. 幼儿的发展是通过(　　)。

A. 对物体的操作和与人的交往而发展的　　B. 聆听教师讲授知识而发展的

C. 观察教师的操作过程而发展的　　D. 观看电视卡通节目而发展的

15. 在不理解的情况下，幼儿也能熟练地背诵古诗，这是(　　)。

A. 理解记忆　　B. 机械记忆　　C. 意义记忆　　D. 逻辑记忆

16. 依据想象活动有无(　　)，想象可以分为有意想象和无意想象。

A. 客观性　　B. 概括性　　C. 目的性　　D. 直观性

17. 幼儿期，幼儿大量使用的判断是(　　)。

A. 形式判断　　B. 客观判断　　C. 直接判断　　D. 间接判断

18. 属于独立自主性教育中关注环境的基本内容的是(　　)。

A. 学习“安静”　　B. 学习开门　　C. 学习叠被子　　D. 学习浇花

19. 情绪是婴幼儿交往的主要工具,这是因为情绪具有(　　)。

A. 传递功能　　B. 唤起功能　　C. 调节功能　　D. 信号作用

20. 幼儿能区分一个人是男性还是女性,说明他已经(　　)。

A. 产生了性别行为　　B. 具有了性别概念

C. 对性别角色有明确的认识　　D. 形成了性别角色习惯

得分	评卷人

二、多项选择题(共 10 题,每题 2 分,共 20 分。在每题的备选项中,有 2 个或 2 个以上符合题意,至少有 1 个错项。错选,本题不得分;少选,所选的每个项得 0.5 分)

1. 幼儿园制定教育目标的意义有(　　)。

A. 增强教育的目的性和自觉性　　B. 使教育工作更有针对性

C. 保证教育工作全面系统地进行　　D. 保证各项教育工作的协调配合

E. 使教育工作的进行更加完整

2. 以下属于幼儿智育内容的是(　　)。

A. 促进幼儿认知能力的发展

B. 培养幼儿良好的智力品质

C. 帮助幼儿尝试使用智力活动的方法和技能

D. 引导幼儿获得粗浅的知识

E. 培养幼儿良好的生活、卫生习惯

3. 幼儿教师的职业素质包括(　　)。

A. 职业品质　　B. 基本文化素质

C. 身体素质　　D. 个性心理素质

E. 沟通能力

4. 建立良好师幼关系的策略有(　　)。

A. 帮助幼儿适应环境的变化,消除分离焦虑

B. 积极主动地与幼儿交往

C. 对幼儿及幼儿的活动真正关注并感兴趣

D. 理解与宽容地对待幼儿的错误

E. 发展幼儿的智力

5. 结构主义教学观认为,掌握学科基本结构的教学原则有(　　)。

A. 鼓励原则　　B. 动机原则

C. 结构原则　　D. 程序原则

E. 强化原则

6. 学习幼儿心理学的现实意义有(　　)。

A. 有助于了解幼儿心理的特点,走进童心世界

B. 有助于树立正确的儿童观

C. 掌握幼儿的心理特点和规律,有助于做好幼儿教育工作

D. 有助于幼儿升入好的学校

E. 有助于丰富人类的认识理论

7. 对入学的适应影响较大的是幼儿对小学生活的(　　)。

A. 态度　　B. 看法

C. 情绪状态　　D. 识字率

E. 智力

8. 讲述活动是以培养学前儿童独立构思和表述一定内容的语言能力为基本目的,给儿童提供积极参与命题性质的实践机会。从讲述对象的特点分,可分为(　　)。

A. 看图讲述　　B. 叙事性讲述

C. 实物讲述　　D. 议论性讲述

E. 情景表演讲述

9. 现代幼儿园教师的职业角色有(　　)。

A. 教育者　　B. 领导者

C. 伙伴　　D. 朋友

E. 研究者

10. 在学校环境中,学生的个别差异主要表现为(　　)。

A. 家庭文化背景的差异　　B. 志向水平的差异

C. 智力的差异　　D. 人格的差异

E. 学习风格的差异

得分	评卷人

三、判断题(共5题,每题2分,共10分。正确的请在题后括号中划"√",错误的请在题后括号中划"×",并说明错误原因)

1. 消退是减少不良行为、消除坏习惯的有效方法。　　(　　)

2. 阿特金森认为个体的成就动机可以分成两部分:趋向成功的倾向和避免失败的倾向。

(　　)

3. 素质教育下，幼儿犯了错误，不能批评和惩罚。　（　　）

4. 为了促进操作技能的形成，过度学习是非常必要的，过度学习的量越大越好。　（　　）

5. 心理健康就是没有心理疾病。　（　　）

得分	评卷人

四、简答题（共 3 题，每题 5 分，共 15 分）

1. 简述幼儿园教育目标制定的依据。

2. 简述游戏的作用。

3. 幼儿亲子交往主要受哪些因素的影响？

得分	评卷人

五、论述题（共 2 题，每题 10 分，共 20 分）

1. 试述幼儿园与小学脱节的根源。

2. 试述幼儿园环境育人的特点。

得分	评卷人

六、案例分析题（共 1 题，每题 15 分）

一个炎热的夏天，张某工作很忙，特地给 3 岁的儿子买了一个玩具让他玩。张某忙完家务，给孩子准备洗澡水，叫儿子洗澡。连喊几遍，孩子说："爸爸，我不洗澡，我没空。"爸爸给他讲道理，他却说："不，我偏不。"张某生气了，一把抢过玩具，强行把孩子按入浴池。可是趁张某拿肥皂的时候，孩子跑走了。张某气不过，抓着孩子狠揍了两下屁股，接着强行给他洗澡。孩子大哭大闹……

请结合案例，试分析此阶段幼儿的心理特点。

教师公开招聘考试教育理论基础知识

真题汇编试卷(三)

(满分:100分　时间:120分钟)

题　号	一	二	三	四	五	六	总分
题　分	20	20	9	16	20	15	100
得　分							

总分合计人(签名)____________　总分复核人(签名)____________

复查总分____________　复查人(签名)____________

得分	评卷人

一、单项选择题(共20题,每题1分,共20分。在每题的备选项中,只有1个最符合题意。错选、多选或未选均不得分)

1.(　　)是促进儿童体、智、德、美全面发展的首要条件。

A. 良好的品德修养　　B. 良好的身心素质

C. 良好的审美能力　　D. 良好的智力水平

2. 在幼儿园实践中,某些教师认为幼儿进餐、睡眠、茶点等是保育,只有上课才是传授知识、发展智力的唯一途径,不注意利用各环节的教育价值,这种做法违反了(　　)的原则。

A. 发挥一日生活的整体功能　　B. 重视幼儿的年龄特点和个体差异

C. 尊重幼儿　　D. 重视实践

3. 幼儿德育必须从情感教育入手,把重点放在(　　)的形成上。

A. 道德认识　　B. 道德情感　　C. 道德行为　　D. 道德意志

4. 个人本位的儿童观认为(　　)。

A. 儿童是国家繁衍的工具　　B. 儿童是父母的私有财产

C. 儿童是国家的财富　　D. 儿童享有生存权、发展权和教育权

5. 创设幼儿园环境时考虑不同地区、不同条件园所的实际情况,做到因地制宜、勤俭办园,

这体现了(　　)原则。

A. 参与性　　B. 发展适宜性　　C. 经济性　　D. 开放性

6. 幼儿园在某一阶段内要达到的教育目标是幼儿园的(　　)。

A. 中期目标　　B. 近期目标　　C. 远期目标　　D. 活动目标

7. 实施游戏化方法的重要途径之一是游戏活动的(　　)。

A. 社会化　　B. 教育化　　C. 虚构化　　D. 自主化

8. 幼儿教师在语言课上只讲故事、音乐课上只唱歌、体育课上只做游戏的做法，违背了(　　)原则。

A. 活动性原则　　B. 综合性原则

C. 发展适宜性原则　　D. 独立自主性原则

9. 我国社区幼儿教育一般在(　　)的基层社会中进行。

A. 街道　　B. 区　　C. 县　　D. 市

10. 教育理论体系中的一个最基本的思想就是把儿童当作儿童来看待，同时还强调指出幼儿教育应当遵循自然的原则的是(　　)

A. 夸美纽斯　　B. 卢梭　　C. 洛克　　D. 福禄贝尔

11. 一般来说，新生儿期属于(　　)。

A. 婴儿期　　B. 先学前期　　C. 学前期　　D. 幼儿早期

12. 教育学上称“跳一跳可以摘到桃子”说的是(　　)。

A. 关键期　　B. 转折期　　C. 最近发展区　　D. 敏感期

13. 幼儿看到桌子上有一个苹果，所说的话中直接体现幼儿知觉活动的是(　　)。

A. “真香”　　B. “这是什么”　　C. “这有个苹果”　　D. “我要吃”

14. 幼儿观察力的发展不表现在(　　)。

A. 观察的目的性　　B. 观察的直观性

C. 观察方法　　D. 观察的概括性

15. (　　)是家长和幼儿园之间的桥梁，促进家园合作，体现幼儿园和家长的伙伴关系。

A. 咨询活动　　B. 家长委员会　　C. 家长学校　　D. 电话联系

16. 幼儿想象的典型形式是(　　)。

A. 无意想象　　B. 有意想象　　C. 再造想象　　D. 创造想象

17. 语言和言语不同，语言是一种(　　)。

A. 自然现象　　B. 社会现象　　C. 言语过程　　D. 交流活动

18. 成人按照预定目的，有意识地调节自己的行动，克服困难的心理过程称之为(　　)。

A. 自我意识　　B. 性格　　C. 意志　　D. 情感

19. 自尊心、自信心和羞愧感等是(　　)的成分。

A. 自我体验　　B. 自我评价　　C. 自我控制　　D. 自我觉醒

20. (　　)幼儿的特点是求知欲强,好学乐问,对周围的一切都非常关注。

A. 学前班　　B. 小班　　C. 中班　　D. 大班

得分	评卷人

二、多项选择题(共 10 题,每题 2 分,共 20 分。在每题的备选项中,有 2 个或 2 个以上符合题意,至少有 1 个错项。错选,本题不得分;少选,所选的每个项得 0.5 分)

1. 幼儿的自我评价能力的发展主要有以下特点(　　)。

A. 从依赖成人的评价到独立评价　　B. 从外部行为到内部品质的评价

C. 从比较笼统到比较细致的评价　　D. 从客观性到主观情绪的自我评价

E. 具有一定的道德评价能力

2. 教师与幼儿沟通时,正确的做法是(　　)。

A. 注意倾听　　B. 言语专业化

C. 注意蹲下去与孩子平等对话　　D. 用点头、抚摸鼓励幼儿

E. 站着与幼儿交谈

3. 陈鹤琴把儿童绘画的发展分为以下几个时期(　　)。

A. 涂鸦期　　B. 象征期

C. 定型期　　D. 写实期

E. 命名期

4. 儿童绘画教学的方法有(　　)。

A. 观察法　　B. 实际体验法

C. 联想法　　D. 范例演示法

E. 启示法

5. 幼儿学与教相互作用的过程是个系统过程,该系统包含的要素有(　　)。

A. 幼儿和教师　　B. 教学内容

C. 教学目标　　D. 教学媒体

E. 教学环境

6. 幼儿易产生的心理健康问题有(　　)。

A. 儿童情绪多变综合症　　B. 学习困难综合症

C. 儿童过度焦虑反应　　D. 儿童厌学症

E. 儿童强迫行为

7. 学生心理发展的基本特征包括(　　)。

A. 连续性与阶段性　　B. 定向性与顺序性

C. 不平衡性　　D. 差异性

E. 内在性

8. 多动症儿童行为主要特征有(　　)。

A. 活动过多　　B. 注意力不集中

C. 冲动行为　　D. 攻击行为

E. 喜欢幻想

9. 创设幼儿园环境时应考虑不同地区、不同条件幼儿园的实际情况,因地制宜、勤俭办园,这体现的原则不包括(　　)。

A. 开放性　　B. 经济性

C. 发展适宜性　　D. 参与性

E. 情境性

10. 幼儿园的“娃娃家”游戏不属于(　　)。

A. 结构游戏　　B. 表演游戏

C. 角色游戏　　D. 智力游戏

E. 动作游戏

得分	评卷人

三、填空题(共9空,每空1分,共9分。请在每题的空格中填上正确的答案。错填、不填均无分)

1. 幼儿动作技能的学习采用________示范方式较好。

2. ________是基于操作性条件反射和积极强化的原理而设计的教学模式,并以此设计了教学机器。

3. 一般认为操作技能的形成可以分为________、操作模仿、操作整合与操作熟练四个阶段。

4. 皮亚杰认为内部心理结构是在不断变化的,这种变化不是简单的量的变化,而是涉及思维过程的质的变化,所有有机体都有________和建构的倾向。

5. 性格指个体在生活过程中形成的对现实的稳定的态度以及与之相适应的习惯化的行为方式,是________的核心。

6. 所谓________是指动作的结构或组织,这些动作在同样或类似的环境中由于重复而引起迁移或概括。

7. 幼儿教育心理学对幼儿教育实践具有描述、解释、____________和控制的作用。

8. ____________是研究者通过有目的地操纵和控制一定的变量以观察个体反应，进而揭示变量间因果关系的一种研究方法。

9. ____________是指社会对男性和女性在行为方式和态度上期望的总称。

得分	评卷人

四、简答题（共4题，每题4分，共16分）

1. 简述幼儿园教育教学的主要方法。

2. 简述游戏的具体含义。

3. 简述幼小衔接工作的主要方法。

4. 简述幼儿同伴交往的意义。

得分	评卷人

五、论述题(共 2 题,每题 10 分,共 20 分)

1. 简要叙述并评价蒙台梭利的幼儿教育观。

2. 试述运用观察法研究幼儿心理时应注意哪些问题。

得分	评卷人

六、案例分析题(共1题,每题15分)

从对某幼儿园大、中班幼儿的调查来看,中班80%的幼儿、大班98%的幼儿都喜欢教师始终面带笑容。这种情绪时时感染着幼儿,使幼儿在平时的生活和学习中心情放松,产生对教师的亲近感与信任感。

请结合材料,试分析如何建立良好师幼关系。

教师公开招聘考试教育理论基础知识

真题汇编试卷(四)

(满分:100 分　时间:120 分钟)

题　号	一	二	三	四	五	六	总分
题　分	20	15	10	20	20	15	100
得　分							

总分合计人(签名)____________　总分复核人(签名)____________

复查总分____________　复查人(签名)____________

得分	评卷人

一、单项选择题(共 20 题,每题 1 分,共 20 分。在每题的备选项中,只有 1 个最符合题意。错选、多选或未选均不得分)

1. 新中国成立以来,经国务院批准颁发的第一个幼儿教育法规是(　　)。

A.《城市幼儿园工作条例》　B.《幼儿园教育纲要》

C.《幼儿园工作规程》　D.《幼儿园管理条例》

2. 建立我国第一个幼儿教育研究中心,并亲自主持幼稚园研究工作,提出"活教育"思想的是(　　)。

A. 陶行知　B. 陈鹤琴　C. 张宗麟　D. 张雪门

3. 1989 年 11 月联合国大会通过的保障儿童权利的国际性法律文书是(　　)。

A.《义务教育法》　B.《未成年人保护法》

C.《儿童权利公约》　D.《幼儿园工作规程》

4. 美国华盛顿儿童博物馆的格言"我听见就忘记了,我看见就记住了,我做了就理解了",主要说明了在教育过程中应(　　)。

A. 尊重儿童的个性　B. 培养幼儿积极的情感体验

C. 重视儿童学习的自律性　D. 重视儿童的主动操作

5.“染于苍则苍，染于黄则黄。”这用来说明(　　)对人的成长和发展的影响是巨大的？

A. 颜色　　B. 环境　　C. 遗传　　D. 物质

6. 以“生活教育”为理念，创办中国化、平民化的幼稚园，建立生活教育课程理论体系的是(　　)。

A. 陈鹤琴　　B. 张宗麟　　C. 张雪门　　D. 陶行知

7. 下列不是蒙台梭利的教育观的是(　　)。

A. 有吸收力的心灵　　B. 儿童有内部动机

C. 适应自然　　D. 强调感觉和儿童的经验

8. 直接决定托幼机构教育质量好坏的是(　　)。

A. 幼教领导　　B. 幼儿教师　　C. 幼教设施　　D. 幼儿家长

9. 在幼儿园月计划、周计划中，教师制定的目标是(　　)。

A. 全园教育目标　　B. 中期目标　　C. 近期目标　　D. 行为目标

10. 从狭义上理解，幼儿园环境是指(　　)。

A. 幼儿园生活环境　　B. 幼儿园心理环境

C. 幼儿园教育的一切外部条件　　D. 幼儿园内一切影响幼儿发展的因素

11. 成人往往按照自己习惯设计的蓝图去要求、塑造儿童，使儿童的天性得不到发展，这是因为在制定学前教育目的时未考虑到(　　)。

A. 社会发展的需要　　B. 教育方针

C. 教育政策　　D. 学前儿童的需求

12. 在《幼儿园工作规程》所提出的教育目标中，“培养儿童活泼开朗的性格”属于(　　)目标的范畴。

A. 智育　　B. 体育　　C. 德育　　D. 美育

13. 对幼儿园幼儿活动的正确理解是(　　)。

A. 让儿童尽情地随意玩耍

B. 在安全的前提下按课程的要求活动

C. 为儿童舒展筋骨而进行活动

D. 教育过程就是活动过程，促进儿童身心健康发展

14. 我国《幼儿园工作规程》规定：幼儿园每日户外活动时间不得少于(　　)小时。

A. 1～2　　B. 2～3　　C. 3～4　　D. 4～5

15. 实现保教合一的前提是(　　)。

A. 良好的工作伙伴与师生关系　　B. 教师的保育意识

C. 保育员的工作态度　　D. 幼儿的自理能力

16.(　　)是幼儿词汇量增长的活跃期。

A.2～3岁　　B.3～4岁　　C.4～5岁　　D.5～6岁

17.《教育漫话》是哪位教育家的教育论著？(　　)

A. 洛克　　B. 卢梭　　C. 杜威　　D. 福禄贝尔

18.在指导儿童结构游戏时，要求大班幼儿学会的结构知识是(　　)。

A. 会识别左右　　B. 会识别材料的形体、大小、颜色

C. 会识别高低、宽窄、厚薄　　D. 会识别轻重、长短、前后

19.联合国教科文组织在一本书中指出："对幼儿照料与教育，就像纬线和经线一样紧密地交织在一起。"这句话强调(　　)。

A. 集体教育和个别教育相结合　　B. 家园配合

C. 因材施教　　D. 保教结合

20.小班幼儿操作墙面的高度以(　　)为宜。

A.80 cm 以下　　B.70～100 cm　　C.100～130 cm　　D.130 cm 以上

得分	评卷人

二、名词解释(共5题，每题3分，共15分)

1.白板说

2.幼儿园的物质环境

3.间接教学

4. 幼儿园课程

5. 幼小衔接

得分	评卷人

三、判断题(共 10 题,每题 1 分,共 10 分。正确的请在题后括号中划“√”,错误的请在题后括号中划“×”,并说明错误原因)

1. 教育是指学校教育。 (　　)

2. 幼儿美育不仅仅是指我们传统观念中的艺术教育。 (　　)

3. 教育与幼儿的沟通效果如何关键在于教师。 (　　)

4. 幼儿园中必须给幼儿教授大量的读、写、算知识,否则影响幼儿智力的开发。 (　　)

5. 幼儿园教育目标的制定不仅仅要根据幼儿发展的真实需要。 (　　)

6. 幼儿园的环境就是指幼儿园的校舍布置、幼儿生活的社区环境及家庭空间设计。 (　　)

7. 教师在用语言指导游戏时，口气应十分肯定。 (　　)

8. 教师与幼儿的沟通就是要求教师多用言语的形式表扬、指导幼儿，学会倾听。 (　　)

9. 对游戏的间接指导比直接指导好。 (　　)

10. 幼儿与成人有同样的权利。 (　　)

得分	评卷人

四、简答题（共 4 题，每题 5 分，共 20 分）

1. 幼儿的学习有哪些特点？

2. 常见的侵犯学生受教育权的表现形式有哪些？

3. 简述幼儿园环境创设的原则。

4. 为什么说幼儿的教育离不开家庭?

得分	评卷人

五、论述题(共 2 题,每题 10 分,共 20 分)

1. 教师应如何提高与幼儿言语沟通的质量?

2. 如何认识幼小衔接工作是个长期的、整体性的工作?

得分	评卷人

六、案例分析题(共1题,每题15分)

琪琪和表姐小薇差半岁,同时上了幼儿园小班。由于小薇的爸爸妈妈工作忙,不久她被送到镇上的奶奶家。小镇幼儿园的老师非常强调知识学习。一年后,小薇已经能认识许多字了,而琪琪却整天沉浸在游戏中,几乎不用学习,一个字也不认得。琪琪的爸爸妈妈开始为此担心,害怕幼儿园这样的教学会影响琪琪今后的学习。

请结合案例,试分析游戏活动在幼儿园活动中的价值。

教师公开招聘考试教育理论基础知识

真题汇编试卷(五)

(满分:100 分　时间:120 分钟)

题　号	一	二	三	四	五	总分
题　分	20	18	24	20	18	100
得　分						

总分合计人(签名)____________　总分复核人(签名)____________

复查总分____________　复查人(签名)____________

得分	评卷人

一、单项选择题(共 20 题,每题 1 分,共 20 分。在每题的备选项中,只有 1 个最符合题意。错选、多选或未选均不得分)

1. 20 世纪 80 年代以后,学前教育的主要目标是(　　)。

A. 不限于看护儿童,对儿童施行促进其身心发展的教育

B. 以发展儿童智力为中心

C. 促进儿童身体、情绪、智能和社会性的全面发展

D. 为工作的母亲照管儿童

2. 美国心理学家布鲁姆的研究发现,儿童入学后学业成败很大程度上取决于(　　)。

A. 儿童的遗传素质　　B. 家长的文化素养

C. 儿童的早期经验　　D. 学校的教育方式

3. 导致儿童身心发展出现差异性的物质基础是(　　)。

A. 家庭经济条件的差异　　B. 家长教育程度的差异

C. 家长教育能力的差异　　D. 个体遗传素质的差异

4. 世界上第一所以“幼儿园“命名的学前教育机构是(　　)。

A. 欧文的幼儿园　　B. 奥伯林的幼儿园

C. 福禄贝尔的幼儿园　　D. 别茨考伊的幼儿园

5. 幼儿道德发展的核心问题是(　　)。

A. 亲子关系的发展　　B. 同伴关系的发展

C. 性别角色的发展　　D. 亲社会行为的发展

6. 随着年龄的增长,幼儿(　　)。

A. 情境言语的比重逐渐下降　　B. 逻辑言语的比重逐渐下降

C. 对话言语的比重逐渐下降　　D. 连贯言语的比重逐渐下降

7. 幼儿在识别“方”“万”和“日”“月”等形近符号时出现混淆,这是由(　　)所致。

A. 观察的无序性　　B. 观察的目的性不够

C. 观察的跳跃性　　D. 观察的细致性不够

8. 当刺激多次重复出现时,婴儿好像已经认识了它,表现出和新异刺激不同的反应,这是(　　)。

A. 条件反射　　B. 重学记忆　　C. 习惯化　　D. 有意记忆

9. 直观行动思维的典型方式是(　　)。

A. 认知地图　　B. 探试搜索　　C. 尝试错误　　D. 顿悟

10. 当物体触及掌心,新生儿立即把它紧紧捏住,这是新生儿的(　　)。

A. 怀抱反射　　B. 抓握反射　　C. 觅食反射　　D. 吸吮反射

11. 世界上第一套智力量表是(　　)。

A. 婴幼儿智能发育量表　　B. 比纳量表

C. 韦克斯勒学前儿童智力量表　　D. 麦卡锡儿童能力量表

12. 我国最早使用“教育”一词的是(　　)。

A. 孔子　　B. 孟子　　C. 墨翟　　D. 朱熹

13. 下列选项中属于学习的是(　　)。

A. 每天跑步　　B. 视力下降　　C. 不怕见生人了　　D. 装修房屋

14. 世界上第一个为母亲们开办“讲习会”的教育家是(　　)。

A. 洛克　　B. 欧文　　C. 蒙台梭利　　D. 福禄贝尔

15. 学校中的德育不包括(　　)。

A. 政治教育　　B. 思想教育　　C. 道德品质教育　　D. 行为规范教育

16. 我国幼儿在园的年龄范围是(　　)。

A. 3 ~6 岁　　B. 2 ~6 岁　　C. 4 ~6 岁　　D. 3 ~7 岁

17. 正常行驶的汽车遇到意外故障的时候,司机紧急刹车,在这样的情况下他所产生的特别紧张的情绪体验属于(　　)。

A. 热情　　B. 心境　　C. 应激　　D. 激情

18. 用腋下表给婴幼儿测体温，表示发烧的度数是(　　)。

A. 35℃　　B. 36℃　　C. 37℃　　D. 38℃

19. 一位新入园的儿童问老师："妈妈什么时候来接我?"老师最好的回答应是:(　　)

A. "老师不知道。"

B. "你现在很想念妈妈，是吗？妈妈 4 点半就来接你。"

C. "妈妈 4 点半就来接你。"

D. "妈妈马上就来接你。"

20. 在幼儿的交往关系类型中，被拒绝型的幼儿主要表现出的特点是(　　)。

A. 社会交往的积极性很差

B. 既漂亮又聪明，总是得到教师的特殊关照，鹤立鸡群

C. 长相难看衣着陈旧，不爱干净

D. 精力充沛，社会交往积极性很高，常有攻击行为

得分	评卷人

二、名词解释(共 6 题，每题 3 分，共 18 分)

1. 儿童观

2. 结构游戏

3. 身心发展的阶段性

4. 发育

5. 保教结合原则

6. 能力

得分	评卷人

三、简答题(共4题,每题6分,共24分)

1. 现代教育的发展趋势有哪些?

2. 性格有哪些特性？

3. 简述学前语言教育的内容。

4. 简述课程评价的作用。

得分	评卷人

四、论述题（共 2 题，每题 10 分，共 20 分）

1. 简述学前儿童自我评价发展的趋势和特点。

2. 试述杜威的幼儿教育思想。

得分	评卷人

五、案例分析题（共 2 题，每题 9 分，共 18 分）

在“照相馆”活动区里，老师投放了玩具照相机、相册、镜子、裙子等材料，引来了很多小朋友。参与照相的幼儿摆出各种姿势，对照相过程乐此不疲，活动区一度出现了较为混乱的场面。为了找出问题的原因，老师便带领孩子们参观了幼儿园所在社区的一家照相馆，了解了照相馆里的区域划分、物品摆放、工作内容和工作流程等。回到幼儿园里，老师立即组织幼儿结合自己的“照相馆”进行讨论，看看自己的照相馆和社区的照相馆有哪些不同的地方。经过认真讨论，幼儿发现应该把“照相馆”设置成几个功能不同的小区域，还应该增加材料等。

接下来，孩子们纷纷从家里带来各种材料，把“照相馆”分成了四个小区域，工作人员也各行其是，活动有序而深入地进行，没有了拥挤、争抢角色的现象。

根据以上材料，回答下列问题。

1. 你认为幼儿园开展的照相馆游戏属于什么游戏类型？并结合材料谈谈教师应如何组织幼儿开展游戏活动。

2. 结合材料谈谈社区对幼儿园教育的意义。

教师公开招聘考试教育理论基础知识

押题预测试卷(一)

(满分:100 分　时间:120 分钟)

题　号	一	二	三	四	五	总分
题　分	20	20	24	22	14	100
得　分						

总分合计人(签名)____________　总分复核人(签名)____________

复查总分____________　复查人(签名)____________

得分	评卷人

一、单项选择题(共 20 题,每题 1 分,共 20 分。在每题的备选项中,只有 1 个最符合题意。错选、多选或未选均不得分)

1. 婴儿的喂养过程应注意(　　)。

A. 应过量喂养,使婴儿肥胖

B. 0 ~ 6 个月大的婴儿人工喂养优于母乳喂养

C. 喂养过程是建立亲子关系和依恋关系的重要时期

D. 无论人工喂养、母乳喂养方式,科学喂养能促进婴儿生长发育,与心理发展无关

2. 在自然条件下,教师有目的、有计划地对所要研究的现象或行为进行观察、记录和评价的研究方法是(　　)。

A. 调查法　B. 实验法　C. 个案研究法　D. 观察法

3. 在同一时间内能清楚地把握对象的数量是(　　)。

A. 注意广度　B. 注意分配　C. 注意稳定性　D. 注意转移

4. 以概念、判断和推理为内容的记忆是(　　)。

A. 机械识记　B. 形象记忆　C. 意义识记　D. 语词逻辑记忆

5. 对不具备语言表达能力的婴儿的行为进行研究时,常用的方法是(　　)。

A. 实验法　　B. 观察法　　C. 测验法　　D. 问卷法

6. 下列选项中被称为感觉运动游戏的是(　　)。

A. 玩沙和玩水的活动　　B. 与视觉、听觉相关的活动

C. 与嗅觉相关的活动　　D. 与味觉相关的活动

7. 下列几何图形对幼儿来说最容易辨别的是(　　)。

A. 正方形　　B. 三角形　　C. 梯形　　D. 圆形

8. 下列选项中不属于托儿所保教任务的是(　　)。

A. 培养幼儿的生活习惯　　B. 对幼儿进行适宜的艺术陶冶

C. 教幼儿认识简单的字　　D. 发展幼儿的语言能力

9. 下列选项中适合对学前班幼儿进行教育的做法是(　　)。

A. 应该开始学习汉语拼音　　B. 每天至少上三节课以适应小学教学

C. 可以用考试对学生进行评价　　D. 与幼儿园大班没有根本的区别

10. 个体所有心理活动的动力特征是指人的(　　)。

A. 性格　　B. 能力　　C. 个性　　D. 气质

11. 下列选项中符合婴幼儿心率特点的是(　　)。

A. 年龄越小,心率越快　　B. 年龄越小,心率越慢

C. 时常忽快、忽慢　　D. 时常停止

12. 婴儿“认生”一般发生在(　　)。

A. 1 ~2 个月　　B. 2 ~4 个月　　C. 6 ~12 个月　　D. 10 ~12 个月

13. 亲子关系是一种(　　)。

A. 血缘关系　　B. 心理关系　　C. 情感关系　　D. 家庭关系

14. 3 ~4 岁的幼儿处于(　　)。

A. 幼儿初期　　B. 幼儿中期　　C. 幼儿晚期　　D. 学龄期

15. 直接作用于感官的客观事物的个别属性在人脑中的反映是(　　)。

A. 感觉　　B. 知觉　　C. 刺激　　D. 表象

16. 下列最有利于培养儿童良好行为习惯的方法是(　　)。

A. 角色扮演法　　B. 行为练习法　　C. 发泄法　　D. 表扬鼓励法

17. 实现游戏化方法的重要途径之一是游戏活动的(　　)。

A. 自主化　　B. 社会化　　C. 虚构化　　D. 教育化

18. 提出“白板说”的思想家是(　　)。

A. 华生　　B. 洛克　　C. 卢梭　　D. 格塞尔

19. 婴儿获得母语基本语法的关键期是(　　)。

A. 0～1 岁　　B. 1～1.5 岁　　C. 1.5～2 岁　　D. 1.5～2.5 岁

20. 社区教育起源于(　　)。

A. 18 世纪的丹麦　　B. 18 世纪的美国　　C. 19 世纪的丹麦　　D. 19 世纪的美国

得分	评卷人

二、多项选择题(共 10 题,每题 2 分,共 20 分。在每题的备选项中,有 2 个或 2 个以上符合题意,至少有 1 个错项。错选,本题不得分;少选,所选的每个项得 0.5 分)

1. 幼儿园主题活动的特性包括(　　)。

A. 围绕着贴近儿童生活的几个主题作为组织课程内容的材料来组织教育教学的活动

B. 它打破学科领域的界限,根据主题的相关内容,创设相关的教育环境,组织开展一系列教育教学活动

C. 围绕着贴近儿童生活的某一中心内容即主题作为组织课程内容的主线来组织教育教学的活动

D. 它打破学科领域的界限,根据主题的核心内容,确定主题展开的基本线索,再顺着这些基本线索,确定主题的具体内容,并创设相关的教育环境,组织开展一系列教育教学活动

E. 只能在天气好的时候进行

2. 下列属于幼儿中期的心理特点的有(　　)。

A. 爱玩、会玩,活泼好动　　B. 思维具体形象

C. 开始能够遵守规则　　D. 开始自己组织游戏

E. 爱模仿

3. 影响创造性的因素有(　　)。

A. 环境　　B. 社会发展

C. 智力　　D. 先天因素

E. 个性

4. 学生对知识的内在加工过程包括(　　)。

A. 知识的获得　　B. 知识应用

C. 知识巩固　　D. 知识编码

E. 知识提取

5. 幼儿想象力发展的特点有(　　)。

A. 没有目的　　B. 以有意想象为主

C. 以无意想象为主　　D. 以再造想象为主

E. 创造想象开始发展

6. 幼儿心理学研究的基本原则有(　　)。

A. 客观性原则和实践性原则　　B. 矛盾性原则和教育性原则

C. 理论与实践相结合原则　　D. 一般与个别相结合原则

E. 活动性原则

7. 影响儿童攻击性行为的因素有(　　)。

A. 父母的惩罚　　B. 大众传播媒介

C. 强化　　D. 挫折

E. 移情

8. 以游戏对于儿童认知发展的功能来分,可以把游戏分为以下几种类型,即(　　)。

A. 功能游戏　　B. 建筑游戏

C. 假装游戏　　D. 规则游戏

E. 联合游戏

9. 幼儿心理健康教育游戏应该具有(　　)。

A. 目标性　　B. 针对性

C. 适应性　　D. 简易性

E. 趣味性

10. 幼儿教育心理学发展萌芽时期的三位主要代表人物分别是(　　)。

A. 卢梭　　B. 福禄贝尔

C. 英格曼　　D. 蒙台梭利

E. 比勒

得分	评卷人

三、简答题(共 4 题,每题 6 分,共 24 分)

1. 选择幼儿园课程应遵循哪些原则?

2. 如何辨别把握儿童心理年龄特征的一般性与个别性的关系？

3. 学前儿童兴趣的发展有哪些特点？

4. 园长的主要职责是什么？

得分	评卷人

四、论述题(共 2 题,每题 11 分,共 22 分)

1. 简述学前教育各层次目标制定的基本策略。

2. 游戏活动时间,幼儿分别选择了“娃娃家”“理发店”和“建构区”。“理发店”里担任理发师的小朋友穿上理发师的服装,帮“顾客”围上毛巾等必备物品,拿起玩具剪刀对“顾客”的头发进行操作,过程中不时传来阵阵笑声和交谈声。联系材料分析幼儿游戏特点。

得分	评卷人

五、案例分析题(共 1 题,每题 14 分)

淘淘是个有思想、有个性的小朋友,老师刚与他接触时几乎无从下手,觉得很难沟通。但是经过几天的观察,老师发现淘淘其实很聪明,一遇到新鲜事就会发问,他的好奇心特别强,而且与其他小朋友相处的挺好,可就是不愿意上课。上第一节课的时候,他的兴趣不大,只坐了几分钟。上第二节课的时候，老师课前与小朋友做了3个游戏，这吸引了淘淘的注意力，也过来加入到游戏队伍当中。此时老师表扬了他，还给他贴上了五角星，淘淘非常高兴，老师又告诉他："你以后好好上课，我每节课都给你贴小星星。"那天放学以后，老师在班上表扬了淘淘，他的兴趣马上高涨起来。后来，老师与淘淘成为了"好朋友"，下课的时候他会与老师玩、聊天，也愿意上课了，而且有时候还提出好多问题。小朋友和老师都夸淘淘进步大，也都越来越喜欢他了。

请结合案例，试分析教师与幼儿沟通时应注意哪些问题。

教师公开招聘考试教育理论基础知识

押题预测试卷(二)

(满分:100 分　时间:120 分钟)

题　号	一	二	三	四	五	六	总分
题　分	20	20	5	20	20	15	100
得　分							

总分合计人(签名)____________　总分复核人(签名)____________

复查总分____________　复查人(签名)____________

得分	评卷人

一、单项选择题(共 20 题,每题 1 分,共 20 分。在每题的备选项中,只有 1 个最符合题意。错选、多选或未选均不得分)

1. 教育部 1951 年制订(　　),将幼稚园改名为幼儿园。

A.《奏定蒙养院章程及家庭教育法章程》　B.《幼儿园暂行规程》

C.《奏定学堂章程》　D.《幼儿园规程》

2. 小明特别想吃西瓜,就告诉妈妈,爸爸想吃西瓜。这表明其认知发展处于(　　)。

A. 感知运动阶段　B. 前运算阶段

C. 具体运算阶段　D. 形式运算阶段

3. 在《幼儿园工作规程》所提出的教育目标中,“培养儿童活泼开朗的性格”属于(　　)目标的范畴。

A. 智育　B. 体育　C. 德育　D. 美育

4. 学前教育的实质就是(　　)。

A. 综合教育　B. 启蒙教育　C. 独立性教育　D. 适宜性教育

5. 人类历史上曾经出现过“狼孩”事例,这说明了(　　)。

A. 遗传素质在人的身心发展中起决定作用

B. 遗传素质在人的身心发展中不起决定作用

C. 遗传素质在人的身心发展中不起作用

D. 自然环境在人的身心发展中起决定作用

6. 世界上第一部论述学前教育的专著是(　　)。

A.《母育学校》　　B.《爱弥儿》　　C.《社会契约论》　　D.《学记》

7. "三翻六坐八爬"符合儿童动作发展中的(　　)规律。

A. 从整体到局部　　B. 从上部到下部

C. 从粗大到精细　　D. 从无意到有意

8. 当许多幼儿都想玩娃娃家,而娃娃家又只能容纳三四人时,幼儿教师最好的处理方法是(　　)。

A. 帮他们分配,决定谁留下来

B. 让幼儿自行商议如何解决

C. 用表扬谦让的幼儿或劝说、诱导的方法使他们离开

D. 扩大娃娃家的内容和数量,满足大多数幼儿的需要。

9. 幼儿教师在选择教育内容和教育材料时的依据是(　　)。

A. 教材顺序　　B. 纲要目标

C. 幼儿的兴趣和发展水平　　D. 材料的直观性

10. 对幼儿进行健康教育和体育活动时应注重(　　)。

A. 走、跑、跳、投等基本动作的训练

B. 在游戏和体育活动中训练幼儿的基本动作

C. 用幼儿感兴趣、喜欢的活动来培养幼儿锻炼身体的兴趣、健康的生活态度和习惯

D. 用幼儿感兴趣、喜欢的活动来训练幼儿的基本动作

11. "一目十行"反映的是(　　)。

A. 注意的广度　　B. 注意的稳定性

C. 注意的分配　　D. 注意的转移

12. 学前儿童美育最高层次的任务是(　　)。

A. 培养儿童健康的审美观　　B. 提高儿童感受美的能力

C. 形成儿童创造美的能力　　D. 培养儿童鉴赏美的能力

13. 3 岁幼儿自己活动时顾及不到别人,只能自己单独玩,这是因为(　　)。

A. 游戏水平差　　B. 注意分配能力差

C. 喜欢自己一个人玩　　D. 与教师的教育有关

14. 主张教育要顺应儿童成长和心理发育的自然法则的教育家是(　　)。

A. 夸美纽斯　　B. 卢梭　　C. 福禄贝尔　　D. 裴斯泰洛齐

15. “少成若天性,习惯成自然”最早是由(　　)提出的。

A. 孔子　　B. 颜子推　　C. 贾谊　　D. 朱熹

16. 自我意识萌芽的时间是(　　)。

A. 5 岁　　B. 4 岁　　C. 3 岁　　D. 2 岁

17. 儿童大脑各区的成熟顺序是(　　)。

A. 颞叶—枕叶—顶叶—额叶　　B. 顶叶—颞叶—枕叶—额叶

C. 枕叶—颞叶—顶叶—额叶　　D. 枕叶—顶叶—颞叶—额叶

18. “要求幼儿认识国旗、国徽”,这属于幼儿园教育目标层次中的(　　)。

A. 远期目标　　B. 中期目标　　C. 近期目标　　D. 活动目标

19. 对出生 4 ~6 个月的孩子来说,最好的食物是(　　)。

A. 牛奶　　B. 羊奶　　C. 鲜果汁　　D. 母乳

20. 幼儿教师了解幼儿的最好的信息源是(　　)。

A. 同龄人　　B. 社区人士　　C. 家长　　D. 教养员

得分	评卷人

二、多项选择题(共 10 题,每题 2 分,共 20 分。在每题的备选项中,有 2 个或 2 个以上符合题意,至少有 1 个错项。错选,本题不得分;少选,所选的每个项得 0.5 分)

1. 幼儿体育的目标及内容包括(　　)。

A. 促进幼儿健康成长

B. 发展幼儿的基本动作,包括走、跑、跳等基本技能

C. 培养幼儿良好的生活习惯、卫生习惯

D. 发展幼儿的社会性

E. 增强幼儿的自我保护意识

2. 幼儿园教育活动的原则有(　　)。

A. 保教结合的原则　　B. 促进儿童全面发展的原则

C. 教育活动的多样性原则　　D. 独立性原则

E. 教育引导发展的原则

3. 下列属于幼儿教师职业能力的有(　　)。

A. 观察力　　B. 沟通的能力

C. 分组的能力　　D. 指导小组活动的能力

E. 分析的能力

4. 引起幼儿注意分散的主要原因有(　　)。

A. 指向性不够明确
B. 连续进行的单调活动
C. 缺乏严格的作息制度
D. 注意转移的能力差
E. 无意注意和有意注意不能很好地进行转换

5. 个性的基本特征有(　　)。

A. 独特性
B. 整体性
C. 稳定性
D. 社会性
E. 可变性

6. 学前儿童心理健康的标准有(　　)。

A. 动作发展正常
B. 认知活动积极
C. 社会适应能力正常
D. 人际关系融洽
E. 性格特征良好

7. 下列属于当代正确儿童观的有(　　)。

A. 尊重儿童
B. 树立新时代儿童的正确形象
C. 发挥儿童的潜能
D. 让儿童成为学习的主体
E. 儿童具有独立性

8. 玩具是幼儿游戏的(　　)。

A. 主要工具
B. 物质基础
C. 物质中心
D. 介质
E. 主体内容

9. 角色游戏的教育作用是(　　)。

A. 帮助幼儿认识社会
B. 给幼儿提供道德行为实践的机会
C. 发展幼儿的智力
D. 促进幼儿身心的健康发展
E. 培养爱好

10. 下列选项中,属于学前家庭教育特征的是(　　)。

A. 领先性
B. 自主性
C. 单独性
D. 随意性
E. 独立性

得分	评卷人

三、判断题（共 5 题，每题 1 分，共 5 分。正确的请在题后括号中划“√”，错误的请在题后括号中划“×”，并说明错误原因）

1. 奥苏贝尔主张学生应进行有意义的发现学习。（　　）

2. 将学习失败归因于自己的能力不足会提高学习的积极性。（　　）

3. 测验的效度是指一个测验经过多次测量后所得结果的一致性程度。（　　）

4. 教师应该给学生的想法划定一个“标准观念”或“标准做法”，只要学生的想法与此不同的，就是“错误观念”。（　　）

5. 过去的教学评价用统一标准，单纯以量化结果进行教学评比，违背了教学发展规律。（　　）

得分	评卷人

四、简答题（共 4 题，每题 5 分，共 20 分）

1. 简述组织幼儿园一日活动应注意的问题。

2. 简述幼儿入小学前的准备工作。

3. 简述学前儿童思维发展的一般趋势。

4. 简述福禄贝尔的学前教育思想。

得分	评卷人

五、论述题(共 2 题,每题 10 分,共 20 分)

1. 简述当代国外学前教育制度的发展趋势。

2. 简述学前儿童家庭教育的主要方法。

得分	评卷人

六、案例分析题(共 1 题,每题 15 分)

一项研究表明:缺乏自尊感的儿童很容易形成自卑、退缩、不合群等性格特征;有自尊的儿童是积极、富有朝气、机智、好与人交往的。在儿童成长的早期阶段,自尊的感受主要来源于周围的人们,而教师、父母是最重要的影响力量。为了保护、培植、发展幼儿的自尊感,幼儿教师必须走出减弱、损害幼儿自尊的误区。

请结合案例,试分析应如何帮助儿童建立自尊。

教师公开招聘考试教育理论基础知识

押题预测试卷(三)

(满分:100 分　时间:120 分钟)

题　号	一	二	三	四	五	六	总分
题　分	20	20	9	16	20	15	100
得　分							

总分合计人(签名)__________　总分复核人(签名)__________

复查总分__________　复查人(签名)__________

得分	评卷人

一、单项选择题(共 20 题,每题 1 分,共 20 分。在每题的备选项中,只有 1 个最符合题意。错选、多选或未选均不得分)

1. 在罗马贫民区创办第一所幼儿学校——“儿童之家”,创立以感官为基础的幼儿教育教学体系的教育家是(　　)。

A. 福禄倍尔　B. 蒙台梭利　C. 德可乐利　D. 凯米

2. 最简捷有效的影响幼儿身心发展的方式是(　　)。

A. 家庭教育　B. 社会教育　C. 幼儿教育　D. 社区教育

3. 幼儿体育过程中最主要的环节是(　　)。

A. 激发幼儿活动兴趣阶段　B. 身体准备阶段

C. 掌握动作技能阶段　D. 结束阶段

4. 下列不属于华生关于新生儿三种天生的情绪的是(　　)。

A. 怕　B. 怒　C. 爱　D. 乐

5. 在幼儿的教育过程中,教师与家长的关系是(　　)。

A. 以教师为主,家长为辅　B. 家长与教师作为平等的教育主体

C. 以教育能力较强的一方为主　D. 在园以教师为主,在家以家长为主

6. 幼儿对美的东西总喜欢动手摸一摸，看一看，听一听，闻一闻。这说明幼儿的审美感知(　　)。

A. 具有丰富的感受性　　B. 具有行动性

C. 具有丰富的创造性　　D. 具有表面性

7. 在幼儿教师激发幼儿活动兴趣的方法中，幼儿教师用有趣的故事、谜语或生动的动作描述激起幼儿活动兴趣的方法属于(　　)。

A. 语言激励法　　B. 材料吸引法　　C. 表演法　　D. 暗示法

8. 人们在实现道德目的的过程中所表现出的主观能动性属于(　　)。

A. 道德认识　　B. 道德情感　　C. 道德意志　　D. 道德行为

9. 实施幼儿德育最基本的途径是(　　)。

A. 练习　　B. 日常生活　　C. 游戏　　D. 示范

10. 幼儿家长参与托幼机构管理的主要形式是(　　)。

A. 家长学校　　B. 宣传栏　　C. 家长委员会　　D. 家园联系本

11. 狂喜、暴怒、恐怖、绝望等都是(　　)的表现。

A. 应激　　B. 心境　　C. 激动　　D. 激情

12. 导致亲社会行为最根本、最内在的因素是(　　)。

A. 移情　　B. 同伴的作用　　C. 社会生活环境　　D. 家庭的影响

13. 从实际工作需要中寻找课题，在实际工作过程中进行研究，由实际工作者与研究者共同参与，使研究成果为实际工作者理解、掌握和应用，从而达到解决问题、改变社会行为目的的研究方法是(　　)。

A. 观察法　　B. 实验法　　C. 质的研究　　D. 行动研究

14. 儿童对实词的掌握(　　)。

A. 动词比代词晚　　B. 代词比形容词早　　C. 动词比数词晚　　D. 形容词比数词早

15. 幼儿教师晨间接待幼儿入园工作的重点是(　　)。

A. 提醒幼儿尽早进入学习状态　　B. 与家长交流，沟通情感

C. 检查孩子的身心状况　　D. 督促孩子完成家庭作业

16. 有差别的微笑的出现是(　　)的标志。

A. 最初诱发性微笑发生　　B. 最初社会性微笑发生

C. 最初生理性微笑发生　　D. 最初自发性微笑发生

17. 被世人誉为“幼儿教育之父”的是(　　)。

A. 蒙台梭利　　B. 柏拉图　　C. 洛克　　D. 福禄贝尔

18. 儿童最早出现的记忆是(　　)。

A. 形象记忆　　B. 运动记忆　　C. 情绪记忆　　D. 语词逻辑记忆

19. 第一次提出了学前社会教育主张的教育家是(　　)。

A. 亚里士多德　　B. 柏拉图　　C. 昆体良　　D. 夸美纽斯

20. 下列关于我国学前教育的性质,描述不正确的是(　　)。

A. 启蒙教育　　B. 义务教育　　C. 基础教育　　D. 全面发展的教育

得分	评卷人

二、多项选择题(共 10 题,每题 2 分,共 20 分。在每题的备选项中,有 2 个或 2 个以上符合题意,至少有 1 个错项。错选,本题不得分;少选,所选的每个项得 0.5 分)

1. 国外对学前教育任务的提法经历了一个历史过程,20 世纪中期到 60 年代的学前教育大多把儿童的(　　)作为主要任务。

A. 保育　　B. 智力教育

C. 社会性发展　　D. 照管

E. 营养

2. 幼儿教师的职业素质包括(　　)。

A. 思想道德素质　　B. 基本文化素质

C. 个性心理素质　　D. 综合素质

E. 才艺表演

3. (　　)体现了新时期教师职业道德规范内容中的爱岗敬业。

A. 志存高远　　B. 勤恳敬业

C. 甘为人梯　　D. 团结协作

E. 乐于奉献

4. 目前我国幼儿园课程的主导定义不包括(　　)。

A. 游戏论　　B. 活动论

C. 课程论　　D. 分科论

E. 教育论

5. 学前儿童常见的问题行为有(　　)。

A. 攻击性行为　　B. 情绪多变行为

C. 退缩性行为　　D. 破坏性行为

E. 欺骗行为

6. 学前儿童体育活动的组织原则有(　　)。

A. 全面性原则　　B. 经常性原则

C. 适量性原则　　　　D. 多样性原则

E. 少量性原则

7. 陈鹤琴把儿童绘画的发展分为以下几个时期（　　）。

A. 涂鸦期　　　　B. 象征期

C. 定型期　　　　D. 写实期

E. 命名期

8. 早期阅读活动主要是为学前儿童提供阅读图书的经验，包括（　　）。

A. 早期识字经验　　　　B. 早期阅读经验

C. 早期想象　　　　D. 早期书写经验

E. 早期兴趣

9. 1.5 ~2 岁是儿童语言真正形成时期，也是（　　）。

A. 儿童语言发展最为自由的阶段

B. 儿童语言发展最为迅速的阶段

C. 此时期不会出现“语言爆炸现象”

D. 此时期会出现“语言爆炸现象”

E. 儿童语言发展系统化的阶段

10. 幼儿园在班级、活动室里为开展非正规性科学活动而创设的环境一般有（　　）。

A. 科学活动室　　　　B. 自然角

C. 天然水池　　　　D. 沙坑

E. 野生植物园

得分	评卷人

三、判断题（共 3 题，每题 3 分，共 9 分。正确的请在题后括号中划“√”，错误的请在题后括号中划“×”，并说明错误原因）

1. 幼儿教育是指对 0 ~6 岁学龄前儿童实施的教育。（　　）

2. 在任何时候都应该坚持“儿童优先”。（　　）

3. 为了让幼儿在艺术方面有所特长，可以暂时放松智育方面发展的需要。（　　）

得分	评卷人

四、简答题(共4题,每题4分,共16分)

1. 幼儿的攻击性行为主要受哪些因素的影响?

2. 简述幼儿初期的心理特点。

3. 简述教师反思性教学的过程。

4. 幼儿想象的特点表现在哪些方面？

得分	评卷人

五、论述题（共 2 题，每题 10 分，共 20 分）

1. 试述如何培养幼儿对小学生活的适应性。

2. 简述幼儿园以游戏为基本活动的原因。

得分	评卷人

六、案例分析题（共 1 题，每题 15 分）

沫沫今年三岁了，她最喜欢吃冰激凌。有一次因为天冷，妈妈没有给沫沫买冰激凌，她就伤心地哭了起来，这时爸爸给了她一块巧克力糖，沫沫立刻又笑了起来。又有一次，她看见隔壁家的小朋友哭了，也跟着哭了起来。

请结合案例，试分析学前儿童情绪的发展趋势及培养学前儿童良好情绪的基本策略。

教师公开招聘考试教育理论基础知识

押题预测试卷(四)

(满分:100 分　时间:120 分钟)

题　号	一	二	三	四	五	总分
题　分	20	18	24	24	14	100
得　分						

总分合计人(签名)____________　总分复核人(签名)____________

复查总分____________　复查人(签名)____________

得分	评卷人

一、单项选择题(共 20 题,每题 1 分,共 20 分。在每题的备选项中,只有 1 个最符合题意。错选、多选或未选均不得分)

1. 以研究者本人作为研究工具,凭借研究者自身的洞察力在与研究对象的互动中理解和解释其行为和意义建构的研究方法是(　　)。

A. 观察法　　B. 实验法　　C. 质的研究　　D. 个案研究

2. 下列关于错觉的说法不正确的是(　　)。

A. 错觉就是对客观事物不正确的感觉　　B. 错觉的产生是由于个人心理原因

C. 错觉不存在个体差异　　D. 错觉是可以通过主观努力来纠正的

3. 以感知过的事物形象为内容的记忆是(　　)。

A. 机械识记　　B. 形象记忆　　C. 意义识记　　D. 语词逻辑记忆

4. 以稳重,但灵活性不足;踏实,但有些死板;沉着冷静,但缺乏生气为特征的气质类型是(　　)。

A. 粘液质　　B. 多血质　　C. 胆汁质　　D. 抑郁质

5. 皮亚杰认为儿童心理发展有四个基本要素,即(　　)。

A. 遗传、练习和习得的经验、社会性经验、具有自我调节作用的平衡过程

B. 成熟、练习和习得的经验、社会性经验、具有自我调节作用的平衡过程

C. 遗传、成熟、社会性经验、具有自我调节作用的平衡过程

D. 成熟、社会性经验、学校学习的经验、具有自我调节作用的平衡过程

6. 教育的最高理想是通过(　　)体现出来的。

A. 课程目标　　B. 教育目的　　C. 教育目标　　D. 培养目标

7. 一个人所有心理活动的动力特征是指人的(　　)。

A. 性格　　B. 能力　　C. 个性　　D. 气质

8. 直观行动思维活动的典型方式是(　　)。

A. 认知地图　　B. 探试搜索　　C. 尝试错误　　D. 顿悟

9. 关于社区幼儿教育的特点,说法错误的是(　　)。

A. 正规性　　B. 开放性　　C. 综合性　　D. 地域性

10. 儿童按照故事、童话的内容,分配角色,安排情节,通过动作、表情、语言、姿势等来进行的游戏被称为(　　)。

A. 规则游戏　　B. 结构游戏　　C. 角色游戏　　D. 表演游戏

11. 艾宾浩斯发现遗忘的规律是遗忘进程不均衡,表现为(　　)。

A. 先慢后快　　B. 先快后慢　　C. 时快时慢　　D. 均匀递减

12. 从一个目标出发,通过各种不同途径寻求各种答案的思维是(　　)。

A. 抽象逻辑思维　　B. 理论思维　　C. 发散思维　　D. 分析思维

13. 儿童自我评价能力开始发展的时期是(　　)。

A. 幼儿期　　B. 童年期　　C. 少年期　　D. 青年期

14. 我国农村不发达地区为了适应所在地区园舍缺乏、设备不足、适龄幼儿多的特点而采取的农村社区学前教育形式是(　　)。

A. 二部制幼儿园　　B. 完全幼儿园　　C. 学前班　　D. 巡回辅导班

15. 游览过八达岭长城的人,头脑中重现长城的形象是(　　)。

A. 思维　　B. 想象　　C. 注意　　D. 联想

16. 下列说法错误的是(　　)。

A. 手眼协调动作的出现是出生后头半年婴儿认知发展的重要里程碑

B. 儿童从出生起就有触觉反应

C. 手的触觉作为探索手段早于口腔的触觉探索

D. 触觉在儿童的人际关系形成中起着重要作用

17. 教师根据教育、教学目的,按照一定的目标设计的游戏被称为(　　)。

A. 规则游戏　　B. 结构游戏　　C. 角色游戏　　D. 表演游戏

18. 1904 年 1 月，清政府颁布（　　），规定学前教育机构为“蒙养院”。

A.《学校系统改革案》　　B.《蒙养堂章程》

C.《钦定学堂章程》　　D.《奏定学堂章程》

19. 注意是一种（　　）。

A. 独立的心理过程　　B. 心理现象

C. 认识风格　　D. 个性特征

20. 个体身心发展的不均衡性要求（　　）。

A. 教育教学工作要抓关键期　　B. 教育工作要循序渐进

C. 教育工作要因材施教、有的放矢　　D. 教育工作要根据不同年龄分阶段进行

得分	评卷人

二、名词解释（共 6 题，每题 3 分，共 18 分）

1. 家长学校

2. 创造性游戏

3. 手眼协调

4. 气质

5. 社区幼儿教育

6. 同伴关系

得分	评卷人

三、简答题(共4题,每题6分,共24分)

1. 皮亚杰提出儿童心理发展有哪四个基本要素?

2. 教育政策与教育法规有哪些区别?

3. 简述学前儿童社会教育活动评价的原则。

4. 简述幼儿性别角色认识的发展阶段。

得分	评卷人

四、论述题(共 2 题,每题 12 分,共 24 分)

1. 试述如何培养幼儿的创造性。

2. 试述卢梭的幼儿教育思想。

得分	评卷人

五、案例分析题(共1题,每题14分)

新学期开始了,鹏鹏和明明高高兴兴地走进了幼儿园。鹏鹏出身于农民家庭,而明明的父母都是高级知识分子。有人说,明明将来肯定比鹏鹏有出息。

请结合案例,分析影响学前儿童心理发展的因素。

教师公开招聘考试教育理论基础知识

押题预测试卷(五)

(满分:100 分　时间:120 分钟)

题　号	一	二	三	四	五	六	总分
题　分	20	20	15	10	20	15	100
得　分							

总分合计人(签名)__________　总分复核人(签名)__________

复查总分__________　复查人(签名)__________

得分	评卷人

一、单项选择题(共 20 题,每题 1 分,共 20 分。在每题的备选项中,只有 1 个最符合题意。错选、多选或未选均不得分)

1.《教师资格条例》规定,对符合认定条件的,应当在受理期限终止之日起(　　)内颁发相应的教师资格证书。

A. 15 日　　B. 30 日　　C. 45 日　　D. 60 日

2. 一个 5 岁的儿童说:"我想画小兔、小草,还想画小狗……"他基本上按他所想的画,说明他的想象特点是(　　)。

A. 以无意想象为主　　B. 随意的自由想象

C. 以有意想象为主　　D. 有计划地,但想象内容零碎缺乏组织

3. 幼儿园在某一阶段内要达到的教育目标是幼儿园的(　　)。

A. 中期目标　　B. 近期目标　　C. 远期目标　　D. 活动目标

4. 婴儿刚出生时,最发达的感觉是(　　)。

A. 痛觉　　B. 听觉　　C. 味觉　　D. 视觉

5.(　　)是指遗传的生物特征,即天生的解剖生理特点,如身体的构造、形态、感官器官和神经系统的特征等。

A. 遗传　　　B. 遗传素质　　　C. 生理成熟　　　D. 生理特征

6.(　　)是基础教育的基础、终身教育的开端,是国民教育体系的重要组成部分。

A. 小学教育　　　B. 学前教育　　　C. 初中教育　　　D. 义务教育

7.(　　)是幼儿教师了解幼儿的最重要的渠道。

A. 同班幼儿　　　B. 幼儿园的教师　　　C. 家长　　　D. 社区人士

8. 上课时,个别幼儿喊口渴想喝水,老师的正确做法是(　　)。

A. 立即让该幼儿离座去喝水　　　B. 让该幼儿坚持到下课

C. 批评后再让其喝水　　　D. 停止教育活动,督促所有幼儿喝水

9. 我国幼儿园教育管理主要是(　　)。

A. 中央政府负责　　　B. 地方政府负责　　　C. 民间团体负责　　　D. 幼儿园自治

10. 喜欢发出各种声音,音节比较清楚,喜欢自己嘟嘟囔囔,用不同的声音招呼别人,这是言语开始萌芽的阶段,发生在(　　)。

A. 婴儿早期　　　B. 婴儿晚期　　　C. 先学前期　　　D. 新生儿期

11. 新生儿爱听(　　)。

A. 低音调的声音　　　B. 中音调的声音　　　C. 强烈的声音　　　D. 高音调的声音

12. 下列选项中不属于托儿所的保教任务的是(　　)。

A. 培养幼儿的生活习惯　　　B. 对幼儿进行适宜的艺术陶冶

C. 教幼儿认识简单的字　　　D. 发展幼儿的语言能力

13. 小明在滑梯上突然被小朋友从后面推了一下,飞快地滑了下来,吓得大声哭叫,下列哪种处理方式最为合理?(　　)

A. 立刻制止小明哭叫,力图尽快恢复秩序。

B. 察看小明是否受伤,同时不制止他哭,让他把内心的恐惧发泄一下。

C. 马上寻找闯祸的小朋友,批评他,以安慰小明。

D. 旁观。

14. 对待幼儿出声的自言自语,成人正确的处理方式是(　　)。

A. 发展为对话言语　　　B. 发展为真正的外部言语

C. 任其自然发展　　　D. 发展为真正的内部言语

15.(　　)被称为“第二断乳期”。

A. 青春期　　　B. 少年期　　　C. 幼儿期　　　D. 学龄初期

16. 短时记忆转入长时记忆的条件是(　　)。

A. 思维　　　B. 想象　　　C. 注意　　　D. 复述

17. 下列关于婴儿动作发展规律的认识中不正确的是(　　)。

A. 从整体动作到分化动作　　B. 从小肌肉动作到大肌肉动作
C. 从上部动作到下部动作　　D. 从无意动作到有意动作

18. 根据事物的内部联系，在理解的基础上进行的识记是（　　）。
A. 机械识记　　B. 形象记忆　　C. 意义识记　　D. 语词逻辑记忆

19. 下列属于新生儿条件反射的是（　　）。
A. 抓握反射　　B. 惊跳反射
C. 对喂奶姿势的吸吮反射　　D. 游泳反射

20. 下列哪一条不符合目前我国幼儿园教师资格的认定条件？（　　）
A. 具备幼儿师范学校毕业及其以上学历。
B. 经国家教师资格考试合格。
C. 热爱幼儿教育事业，爱护幼儿。
D. 身体健康的成年女性。

得分	评卷人

二、多项选择题（共 10 题，每题 2 分，共 20 分。在每题的备选项中，有 2 个或 2 个以上符合题意，至少有 1 个错项。错选，本题不得分；少选，所选的每个项得 0.5 分）

1. 自我意识的成分有（　　）。
A. 自我认识　　B. 自我感觉
C. 自我体验　　D. 自我教育
E. 自我控制

2. 教学媒体包括（　　）。
A. 书本　　B. 录像
C. 图片　　D. 教师
E. 学生

3. 幼儿园教育的特殊原则有（　　）。
A. 安全保育　　B. 保教结合
C. 以游戏为基本活动　　D. 教育的活动性和活动的多样性
E. 发挥一日活动整体教育功能

4. 20 世纪中叶以后，学前教育发展的新趋势有（　　）。
A. 基本理论与实践模式的多样化　　B. 教育目标的整合化
C. 教育机构类型的多元化和社区化　　D. 教育手段的现代化
E. 教育方法的科学化

5. 属于幼儿园教学的特点的有(　　)。

A. 活动性　　B. 参与性

C. 学习性　　D. 启蒙性

E. 情境性

6. 皮亚杰的儿童思维发展结构理论涉及的概念有(　　)。

A. 图式　　B. 同化

C. 调节　　D. 平衡

E. 认同

7. 学前儿童的社会教育方法包括(　　)。

A. 陶冶法和共情训练法　　B. 角色扮演法和行为练习法

C. 观察法和实践法　　D. 谈话法和讲述法

E. 游戏法和强化法

8. 幼儿园的精神环境包括(　　)。

A. 教师的教育观念与行为　　B. 幼儿园的人际关系

C. 幼儿园文化氛围　　D. 园舍建筑

E. 园内装饰

9. 掌握学科基本结构的教学原则(　　)

A. 动机原则　　B. 结构原则

C. 程序原则　　D. 社会原则

E. 强化原则

10. 根据记忆的内容,记忆分为(　　)。

A. 逻辑记忆　　B. 形象记忆

C. 运动记忆　　D. 瞬时记忆

E. 长时记忆

得分	评卷人

三、名词解释(共5题,每题3分,共15分)

1. 内隐学习

2. 视敏度

3. 迁移

4. 幼儿园

5. 心理发展的年龄特征

得分	评卷人

四、简答题(共 2 题,每题 5 分,共 10 分)

1. 幼儿教师应履行哪些义务?

2. 简述幼儿心理发展的基本趋势。

得分	评卷人

五、论述题(共 2 题,每题 10 分,共 20 分)

1. 试述陶行知的幼儿教育思想。

2. 试述幼儿想象发展的一般趋势。

得分	评卷人

六、案例分析题(共 1 题,每题 15 分)

星期一,小王老师埋怨说:“可可在家过了一个双休日,再回到幼儿园后,许多良好的行为习惯都没有了,不认真吃饭,乱扔东西,活动时喜欢讲话,真不知道在家里家长是怎么教育的!”站在一旁的小张老师颇有同感地说:“是啊,如果家长都能按照我们的要求去做倒也罢了,还经常给我们提这样那样的意见。好像我们当老师的还不如他们懂得多,真拿这些家长没办法……”

请结合案例,试分析小王老师和小张老师的观点,并具体谈谈幼儿园在与家庭合作时应遵循哪些原则。

教师公开招聘考试教育理论基础知识真题汇编试卷(一)参考答案及解析

一、单项选择题(共20题,每题1分,共20分。在每题的备选项中,只有1个最符合题意。错选、多选或未选均不得分)

1. C 【解析】 感觉是人脑对直接作用于感觉器官的客观事物的个别属性(如颜色、声音、味道、气味、温度等各种属性)的反映。

2. B 【解析】 幼儿期的自我中心十分明显。但幼儿期的"自我中心"是幼儿认知发展过程中的一个特点,并不涉及道德品质的自私,它与成人的以"我"为中心,不顾及他人及集体利益的自私自利不是一回事。

3. B 【解析】 幼儿美育不是美术专业知识的学习,重点在于培养幼儿发现美、欣赏美的能力。

4. C 【解析】 我国幼儿园的教学是幼儿与教师互动的过程。

5. D 【解析】 幼儿园的课程和教学应该以幼儿已有的经验和兴趣为基础,启发他们去探索并获得新的知识。

6. B 【解析】 学前儿童音乐教育的总目标有歌唱、韵律活动、打击乐演奏和音乐欣赏。

7. D 【解析】 这是幼儿园大班的社会教育目标。

8. D 【解析】 幼儿语言教育的活动观点以心理学有关活动以及认知与活动之间关系的理论,特别是皮亚杰的认知发展理论作为主要依据。

9. B 【解析】 讨论法最容易发挥幼儿的主体性,促进幼儿多维思维和社会性的发展。

10. C 【解析】 福禄贝尔主张"父母是孩子的第一任教师"。

11. B 【解析】 个性心理特征包括能力、气质、性格。

12. B 【解析】 幼儿的情绪和意志更多受知觉的影响。

13. B 【解析】 教师通过各种直观教具和实物使得学生获得感性认识属于范例演示法。

14. A 【解析】 儿童不由自主的注意是无意注意。

15. D 【解析】 注意广度指的是人在较短的时间内所能清楚地知觉到的事物的数量。

16. D 【解析】 训练发散思维的方法有多种,如用途扩散、结构扩散、方法扩散与形态扩散等。形态扩散即以事物的形态(如颜色、味道、形状等)为扩散点,设想出利用某种形态的各种可能性。比如:利用红色可以做什么,办什么事。

17. D 【解析】 思维是人类认识活动的中心。

18. B 【解析】 婴儿最初的语音是通过模仿学会的。

19. C 【解析】 手眼协调动作的出现是幼儿有意动作发生的标志。

20. B 【解析】 场独立性学生关心抽象的概念和理论,更喜欢自己独立思考和学习。

二、多项选择题(共10题,每题2分,共20分。在每题的备选项中,有2个或2个以上符合题意,至少有1个错项。错选,本题不得分;少选,所选的每个项得0.5分)

1. ABCD 【解析】 幼儿教师的劳动具有以下特点:一是“工作对象的主动性和幼稚性”;二是“工作任务的全面性和细致性”;三是“工作过程的创造性和灵活性”;四是“教育影响的示范性和感染性”。

2. ABCD 【解析】 从题中的5个选项可以看出,选项E明显是错误的,游戏是幼儿最喜爱的活动,是幼儿生活的主要内容,故E可以直接排除。

3. BCDE 【解析】 学前儿童社会教育的总目标为:①能主动地参与各项活动,有自信心;②乐意与人交往,学习互助,合作和分享,有同情心;③理解并遵守日常生活中基本的社会行为规则;④能努力做好力所能及的事,不怕困难,有初步的责任感;⑤爱父母长辈、老师和同伴,爱集体,爱家乡,爱祖国。

4. DE 【解析】 学习是指人和动物在生活过程中,凭借经验而产生的行为或行为潜能的相对持久的变化。学习不是本能活动,而是后天习得的活动,是由经验或实践引起的。任何水平的学习都将引起适应性的行为变化,不仅有外显行为的变化,也有潜在的个体内部经验的改组和重建,而且这些变化是相对持久的。

5. BCD 【解析】 内部动机是维持学生学习的基本动力。包括三种最基本的内在动机,即好奇内驱力、胜任内驱力、互惠内驱力。

6. ABC 【解析】 布鲁纳在掌握学科教学的基本原则“结构原则”下提出任何知识结构都可以用动作、图像和符号三种表象形式来呈现。

7. AB 【解析】 AB是加涅对学习结果进行的分类。CDE是奥苏伯尔根据学习进行的方式将之分为接受学习和发现学习,又根据学习材料与学习者原有知识结构的关系把学习分为机械学习与意义学习。

8. CDE 【解析】 根据性格的特征差异,将性格分为理智型、情绪型和意志型。

9. ABCE 【解析】 智力的群体差异包括年龄、性别、种族和社会文化差异等。

10. ABDE 【解析】 学生的学习是人类学习中的一种特殊的形式,其内容有以下三点:一是知识、技能和学习策略的掌握;二是问题解决能力和创造性的发展;三是道德品质和健康心理的培养。

三、简答题(共4题,每题6分,共24分)

【答案要点】

1.(1)我国幼儿教师的基本权利包括:①进行保育教育活动,开展保育教育改革和实验的权利;②从事科学研究、学术交流,参加专业的学术团体,在学术活动中充分发表意见的权利;③指导幼儿的学习和发展,评定幼儿成长发展的权利;④按时获取工资报酬,享受国家规定的福利待遇以及寒暑假带薪休假的权利;⑤参与幼儿园民主管理的权利;⑥参加进修或者其他方式的培训的权利。

(2)我国幼儿教师的义务是:①遵守宪法、法律和职业道德,为人师表;②贯彻国家教育方针,遵守规章制度,执行幼儿园保教计划,履行聘约,完成工作任务;③按国家规定的保教目标,组织、带领幼儿开展有目的、有计划的教育活动;④关心、爱护全体幼儿,尊重幼儿人格,促进幼儿的全面发展;⑤制止有害于幼儿的行为或其他侵犯幼儿合法权益的行为,批评和抵制有害于幼儿健康成长的现象;⑥不断提高思想政治觉悟和教育教学水平。

2.(1)对幼儿的研究;

(2)对当代社会生活的研究;

(3)对学科知识的研究。

3.幼儿园环境的特点主要包括以下两个方面:

(1)环境的教育性

幼儿园作为专门的幼儿教育机构,其环境创设与其他非教育机构有显著区别。它是根据幼儿园教育的目标及幼儿的发展特点有目的、有计划、有组织地精心创设的。在幼儿园教育中,环境创设不仅是美化的需要,更是教育者实现教育意图的重要中介,教育者把教育意图隐含在环境中,让环境去说话,让环境去引发幼儿应有的行为。

(2)环境的可控性

幼儿园内环境与外界环境相比具有可控性,即幼儿园内环境的构成处于教育者的控制之下。

幼儿园环境的教育性与可控性之间是相互联系的,环境的教育性决定了环境的可控性,使可控性有了明确的标准和方向。而可控性又保证了教育性的实现,二者具有相互依存、相互制约的关系。

4.(1)无意记忆占优势,有意记忆开始出现并逐渐发展;

(2)记忆具有明显的直觉形象性,形象记忆效果高于语义记忆效果;

(3)机械识记多于意义识记;

(4)幼儿记忆的意识性和记忆方法逐渐发展；

(5)记忆的精确性较差。

四、论述题(共2题,每题11分,共22分)

【答案要点】

1.请进来的方式：

(1)请社区里的人员为孩子开展活动；

(2)利用社区的物、景和设施教育孩子；

(3)利用社区开展的活动和日常发生的事情教育幼儿。

走出去的方式：

(1)建立儿童活动机构；

(2)开展流动幼儿教育服务；

(3)建立家庭教育辅导站,开展指导家庭教育的活动；

(4)与社区联手,优化社区环境的活动。

2.幼儿心理学是研究幼儿心理发展的基本规律和年龄特征的科学,它应该以下列基本原则为自己研究的指针：

(1)客观性原则。幼儿心理是客观存在在幼儿头脑中的反映,因此,必须依据幼儿的社会生活条件和教育条件以及幼儿机体的发展,特别是幼儿高级神经活动的发展来进行研究。

(2)实践性原则。幼儿心理不是对客观存在的机械的反映,而是在幼儿的实践活动中的能动的反映。因此,必须从幼儿的行动和活动中去研究,从幼儿主体与其客体(环境和教育)的矛盾统一的关系中去研究。

(3)矛盾性原则。幼儿心理发展也同一切事物的运动发展一样,是一种矛盾运动,是按照矛盾法则进行的。因此,必须从幼儿心理发展的内部矛盾来研究,必须从幼儿心理发展的量变和质变的辩证关系上来研究。

(4)教育性原则。一切幼儿心理的研究,都必须符合教育的要求。不允许进行损害幼儿身心健康的研究,不允许向幼儿提出与教育目的任务相矛盾的问题或作业等。

(5)理论与实际相结合原则。幼儿心理学的研究应当密切结合我国幼儿教育事业中所提出的实际问题来进行。在研究过程中应当注意更多地通过实际来研究,而不是脱离实际进行研究。当然,这也决不意味着把研究工作局限在很狭小的"实用"范围内。

(6)一般与个别相结合原则。幼儿心理发展既具有一般性,也具有特殊性,因此,研究幼儿心理发展的一般事实和规律,也应当考虑到幼儿心理发展的特殊规律和个别差异,而不应当把一般和个别绝对对立起来。

五、案例分析题(共 1 题,每题 14 分)

体罚是指教师以暴力的方法或以暴力相威胁,或以其他强制性手段,侵害学生的身体和精神健康的侵权行为。

教师体罚幼儿,无论从法律还是道德上都是不允许的。《未成年人保护法》中明确规定:"学校、幼儿园、托儿所的教职员对未成年幼儿和儿童实施体罚或者变相体罚,情节严重的,由其所在单位或者上级行政机关给予行政处分。"《中华人民共和国教育法》实施细则第四十二条进一步指出:"对体罚幼儿情节严重,违反《中华人民共和国治安管理处罚条例》的,由公安机关给予行政处罚,构成犯罪的,依法追究刑事责任。"

为避免出现教师体罚幼儿的行为,必须从立法、执法、监督,以及学校、家庭、社会、教师、家长、幼儿等多方面入手,保证幼儿的合法权益。

教师公开招聘考试教育理论基础知识
真题汇编试卷(二)参考答案及解析

一、单项选择题(共20题,每题1分,共20分。在每题的备选项中,只有1个最符合题意。错选、多选或未选均不得分)

1. D 【解析】 家长开放日是幼儿园定期或不定期让家长来园参观和幼儿一起活动(如运动会、生日会)的活动形式。

2. C 【解析】 发展适宜性原则是由美国学前教育研究会提出来的。

3. D 【解析】 培养幼儿热爱祖国的情感属于幼儿德育的范畴。

4. A 【解析】 童心是教师通往每个孩子心灵的桥梁。

5. A 【解析】 幼儿园实行保育和教育相结合的原则,对幼儿实施体、智、德、美全面发展的教育,保证幼儿身心和谐发展并做好入学前的准备。

6. B 【解析】 集体活动一般是在教师直接指导下进行的活动,它的特点是全班幼儿在同一时间内做相同的事情,活动过程以教师的引导和组织为主。

7. D 【解析】 幼儿在游戏中与同伴、教师的交往有助于幼儿社会性的发展。

8. D 【解析】 范例法是直观形象法中示范性最强的方法。

9. D 【解析】 家庭教育与幼儿园教育显著不同之处就是缺少明显的计划性和目的性。

10. A 【解析】 开放日是目前我国幼儿园和家庭相互配合的形式中最常用的一种形式。

11. B 【解析】 幼儿心理活动的发展是循序渐进地进行的。

12. C 【解析】 从儿童认知发展水平看,“童言无忌”符合儿童年龄特征的表现。

13. C 【解析】 幼儿教育的原则有一般原则和特殊原则。一般原则有尊重儿童的人格尊严和合法权益的原则;促进儿童全面发展的原则;面向全体,重视个别差异的原则。

14. A 【解析】 幼儿的发展包括个体和社会两个层面。除使每个幼儿达到国家统一要求的标准之外,还允许根据每个幼儿的特点和可能性,充分发挥他们各自的潜能,让不同的儿童在不同的方面能够实现自己有特色的发展。在与人交流方面和自我方面都得到发展。

15. B 【解析】 机械记忆指对所记忆材料的意义和逻辑关系不理解,应用简单的、机械重复的方式进行的记忆。

16. C 【解析】 依据想象的形式有无目的性,想象可以分为有意想象和无意想象。

17. C 【解析】 幼儿使用判断大多是依据事物的外部联系和表面现象直接进行的。

18. D 【解析】 独立自主性教育的基本内容包括：生活方面、动作方面、关注环境、待人接物、学习的自主性等方面。其中关注环境的基本内容有：儿童在团体生活中，应清扫教室、清洗桌椅、擦拭器皿、浇花、除草、饲养小动物等。

19. D 【解析】 情绪在婴幼儿的交往中起信号作用。

20. B 【解析】 幼儿能区分一个人是男性还是女性，说明他已经具有了性别概念。

二、多项选择题（共 10 题，每题 2 分，共 20 分。在每题的备选项中，有 2 个或 2 个以上符合题意，至少有 1 个错项。错选，本题不得分；少选，所选的每个项得 0.5 分）

1. ABCD 【解析】 幼儿园制定教育目标的意义有：增强教育的目的性和自觉性；使教育工作更有针对性；保证教育工作全面系统地进行；保证各项教育工作的协调配合。

2. ABCD 【解析】 培养幼儿良好的生活、卫生习惯属于幼儿体育的内容。

3. ABCD 【解析】 沟通能力属于幼儿教师的职业能力。

4. ABCD 【解析】 建立良好师幼关系的策略有：帮助幼儿适应环境的变化，消除分离焦虑；积极主动地与幼儿交往；对幼儿及幼儿的活动真正关注并感兴趣；理解与宽容地对待幼儿的错误；帮助幼儿摆脱不良行为习惯。

5. BCDE 【解析】 掌握学科基本结构的教学原则有动机原则、结构原则、程序原则和强化原则。

6. ABC 【解析】 D 项明显错误，E 项是学习幼儿心理学的理论意义而非现实意义。

7. ABC 【解析】 幼升小的问题主要是适应环境的问题，不是智力上的问题。

8. ACE 【解析】 从讲述对象的特点分，讲述活动可分为看图讲述、实物讲述和情景表演讲述。

9. ACDE 【解析】 幼儿园教师的现代职业角色有：①幼儿教师是教育者；②幼儿教师是幼儿游戏的伙伴；③幼儿教师是幼儿的第二任母亲；④幼儿教师是幼儿的知心朋友；⑤幼儿教师是幼儿教育的研究者幼儿理论的建构者。

10. ACE 【解析】 在学校环境中，学生的个别差异主要表现为学生家庭文化背景的差异、智力的差异、学习风格的差异等。

三、判断题（共 5 题，每题 2 分，共 10 分。正确的请在题后括号中划“√”，错误的请在题后括号中划“×”，并说明错误原因）

1. √

2. √

3. × 【解析】 评价的方式一般有表扬、奖励和批评、惩罚两种类型。在素质教育下，以奖励为主是培养幼儿学习动机的主要手段，如幼儿犯了错误，也需要一定的批评和惩罚，但处罚不可过度。

4. × 【解析】 为了促进操作技能的形成，过度学习是非常必要的。但并非过度学习的量越大越好，因为过分的过度学习甚至导致相反的结果，产生个体疲劳、没有兴趣，使错误动作定型化等副作用。

5. × 【解析】 心理健康是指个人能够充分发挥自己的最大潜能，以及妥善地处理和适应人与人之间、人与社会环境之间的相互关系。具体说来，心理健康至少应包括两层含义：一是无心理疾病；二是具有一种积极发展的心理状态。

四、简答题（共3题，每题5分，共15分）

【答案要点】

1.（1）教育目的；

（2）社会发展的客观要求；

（3）幼儿身心发展规律及其需求。

2.（1）游戏对幼儿认知发展的作用；

（2）游戏对幼儿社会性发展的作用；

（3）游戏对幼儿情感发展的作用；

（4）游戏对幼儿身体发展的作用。

3.（1）父母的性格、爱好、教育观念及对幼儿发展的期望对其教养行为有直接的影响；

（2）父母的受教育水平、社会经济地位、宗教信仰以及父母之间的关系状况等；

（3）幼儿自身的发育水平和发展特点。

五、论述题（共2题，每题10分，共20分）

【答案要点】

1.（1）主导活动观念的差别："学前阶段与小学阶段不同的教育特点"学前阶段的主导活动是丰富多样的，小学阶段是对各种学科文化知识的学习；

（2）体制的分立：学前阶段是宽松的生活节奏，小学阶段是快速、紧张的生活节奏；

（3）师生关系：学前阶段教师与幼儿接触机会多，关系密切、具体，小学阶段主要是课堂接触；

（4）环境设备的选择与布置：学前阶段的布置生动活泼，小学阶段的布置相对严肃；

（5）社会对儿童的期望：学前阶段要求宽松，小学阶段要求具体、严格。

2.（1）设置的目的性：幼儿园环境的设置是根据幼儿园教育的目标和幼儿发展的特点，有目的、有组织、有计划的精心设置的；

(2)范围的弥散性和时间的持续性；

(3)影响的渗透性：幼儿园的环境具有控制性，能有效地进行控制，使之保持在最适合幼儿发展的状态。

六、案例分析题(共 1 题，每题 15 分)

幼儿此阶段正处于幼儿心理发展的转折期和危机期。其表现出以下心理特点：

(1)行为具有强烈的情绪性：情绪具有外显性、情境性、易变性，情绪控制能力差；

(2)思维仍带有直觉行动性，无意注意占优势地位。

教师公开招聘考试教育理论基础知识
真题汇编试卷(三)参考答案及解析

一、单项选择题(共20题,每题1分,共20分。在每题的备选项中,只有1个最符合题意。错选、多选或未选均不得分)

1. B 【解析】 学前儿童处于身体柔弱,生活自理能力、心理承受能力和疾病抵抗能力都较弱的时期,因此坚持以保障学前儿童身体健康为重,保护、培养其健康的心理,切实做好幼儿生理、心理卫生保健工作是促进儿童体、智、德、美全面发展的首要条件。

2. A 【解析】 幼儿园将教育内容融入幼儿的各种活动当中,这些教师的做法违背了发挥幼儿一日生活整体功能的原则。

3. C 【解析】 幼儿德育的重点应促进幼儿道德行为的形成。

4. D 【解析】 个人本位的儿童观以儿童为价值主体,主张儿童的生活和学习均要符合儿童的天性,倡导儿童利益至上。

5. C 【解析】 经济性原则是指创设幼儿园环境应考虑不同地区、不同条件园所的实际情况,做到因地制宜、勤俭办园。

6. B 【解析】 近期目标也称短期目标,指在某一阶段内要达到的教育目标。

7. B 【解析】 教师将教育内容融入游戏中,才能真正贯彻游戏化的教学活动。

8. B 【解析】 综合性原则是指在课程设计和教育活动时,必须以儿童身心的均衡发展为最高目的,围绕着某一主题或方面,以儿童的直接经验和实际生活为基础,配合其能力、兴趣和需要,尽量在课程和活动中促进儿童多层次、多角度、多学科的发展。

9. A 【解析】 我国的社区幼儿教育一般以街道为单位。

10. B 【解析】 卢梭教育理论体系中的一个最基本的思想就是把儿童当作儿童来看待,把儿童看作教育中的一个积极因素;教育要适合儿童天性的发展,保持儿童的天性,因此卢梭强调指出,幼儿教育应当遵循自然的原则。

11. A 【解析】 婴儿期也叫乳儿期,包括新生儿期、婴儿早期、婴儿晚期。

12. C 【解析】 最近发展区是指儿童能够独立表现出来的心理发展水平和儿童在成人指导下能够表现出来的心理发展水平之间的差距。

13. C 【解析】 “真香”体现的是感觉,“这是什么”体现的是思维,“我要吃”体现的是需要。

14. B 【解析】 幼儿观察力的发展主要表现在观察的目的性、观察方法、观察的概括性、观察的细致性和持续性等方面。

15. B 【解析】 我国《幼儿园工作规程》规定幼儿园应成立家长委员会。其成员由各个年龄班选出的家长代表组成,参与幼儿园的民主管理、幼儿园重大问题的讨论和决策,同时家长委员会也是家长和幼儿园之间的桥梁,促进家园的合作,体现幼儿园和家长的伙伴关系。

16. A 【解析】 幼儿的想象以无意想象为主。

17. B 【解析】 语言是一种社会上约定俗成的符号系统,是一种社会现象。

18. C 【解析】 意志行动是一种特殊的有意行动,其特点不仅在于从自觉意识到行动目的和行动过程,而且在于努力克服前进中的困难。

19. B 【解析】 自尊心、自信心和羞愧感等都是从自我评价中产生的。

20. D 【解析】 大班幼儿身心都有了进一步的发展:儿童观察力和理解力增强,求知欲和好奇心盛,爱说,好动,而且逐渐变得有情感,有意志要求和独立个性,自我意识有一定的发展,喜欢自由活动,渴望参加成人活动,盼望自己快点长大。

二、多项选择题(共 10 题,每题 2 分,共 20 分。在每题的备选项中,有 2 个或 2 个以上符合题意,至少有 1 个错项。错选,本题不得分;少选,所选的每个项得 0.5 分)

1. ABCE 【解析】 自我评价能力的发展有以下特点:从主要依赖成人的评价逐渐向自己独立评价发展;从外部行为的评价发展到对内心品质的评价;从对具体行为的评价过渡到有一定概括程度、涉及某些个性品质的评价;从比较笼统的评价发展到比较细致的评价;从带有主观情绪的自我评价,发展到初步的客观性的自我评价;已经具有一定的道德评价能力。

2. ACD 【解析】 教师与幼儿的沟通语言要明确、通俗;便于幼儿理解,要注意蹲下去与孩子平等对话。

3. ABCD 【解析】 陈鹤琴把儿童绘画的发展分为四个时期,即涂鸦期、象征期、定型期和写实期。

4. ABCD 【解析】 绘画教学的方法有观察法、联想法、练习法、实际体验法、范例演示法。

5. ABDE 【解析】 幼儿学与教相互作用的过程是个系统过程,该系统包含幼儿、教师、教学内容、教学媒体和教学环境五要素。

6. BCDE 【解析】 幼儿易产生的心理健康问题有:儿童多动综合症;学习困难综合症;儿童过度焦虑反应;儿童厌学症;儿童强迫行为。

7. ABCD 【解析】 学生心理发展的四个基本特征是:①连续性与阶段性;②定向性与顺序性;③不平衡性;④差异性。

8. ABC 【解析】 多动症儿童行为主要特征有:①活动过多,这种儿童的好动不同的是,他们的活动是杂乱的、缺乏组织性和目的性的;②注意力不集中,不能专注于一种活动,做事经常有头无尾、丢三落四;③冲动行为,经常未经考虑就行动,在做集体游戏时,难以耐心等待,有时会突然喊叫。

9. ACDE 【解析】 考查幼儿园环境创设的经济性原则。

10. ABDE 【解析】 角色游戏是幼儿通过扮演角色,运用想象,创造性地反映个人生活印象的一种游戏,通常都有一定的主题,如娃娃家、商店、医院等。

三、填空题(共9空,每空1分,共9分。请在每题的空格中填上正确的答案。错填、不填均无分)

1. 顺向
2. 程序教学
3. 操作定向
4. 适应
5. 人格
6. 图式
7. 预测
8. 实验法
9. 性别角色

四、简答题(共4题,每题4分,共16分)

【答案要点】

1. (1)观察;
(2)实验;
(3)游戏操作;
(4)参观;
(5)谈话、讨论;
(6)讲解、讲述。

2. (1)游戏是幼儿最喜爱的活动,是幼儿生活的主要内容;
(2)游戏是幼儿对生长的适应,符合幼儿身心发展的特点;
(3)游戏是幼儿的自发学习。

3. (1)培养幼儿对小学生活的热爱和向往;
(2)培养幼儿对小学生活的适应性;

(3)帮助幼儿做好入学前的学习准备。

4.(1)同伴交往有助于幼儿学习社交技能和策略,促进其社会行为向友好、积极的方向发展;

(2)同伴交往是幼儿积极情感的重要后盾;

(3)同伴交往促进幼儿认知能力的发展;

(4)同伴交往有助于幼儿自我概念和人格的发展。

五、论述题(共2题,每题10分,共20分)

【答案要点】

1.蒙台梭利的幼儿教育观包含以下几方面内容:

(1)有吸收力的心灵:蒙台梭利提出的概念指的是发展的一个时期。这一时期,特定经验的吸收是在没有任何外部驱动的情况下进行的。

(2)专门为小组设计的情境能提供恰当刺激。

(3)恰当的环境能促进儿童的发展变化。

(4)儿童有内部动机:儿童的学习、操作受内部动机的驱动,特别是当他们处于这种能力的边缘时。

(5)强调感觉和儿童的经验,不强调测验。

(6)支持者和指导者通过环境、短期的个体或小组教学,一日生活中大部分时间儿童可以自由选择活动。

2.(1)观察时充分考虑观察者对被观察者的影响,尽量使幼儿保持自然状态;

(2)观察记录要求详细、准确、客观,不仅要记录行为本身,还应记录行为的前因后果;

(3)观察应排除偶然性,一般应在较长时间内系统地反复进行。

六、案例分析题(共1题,每题15分)

【答案要点】

(1)帮助幼儿适应环境的变化,消除分离焦虑;

(2)积极主动地与幼儿交往;

(3)对幼儿和幼儿的活动真正关注并感兴趣;

(4)理解与宽容地对待幼儿的错误;

(5)帮助幼儿形成良好的同伴关系;

(6)帮助幼儿摆脱不良行为习惯。

教师公开招聘考试教育理论基础知识
真题汇编试卷(四)参考答案及解析

一、单项选择题(共20题,每题1分,共20分。在每题的备选项中,只有1个最符合题意。错选、多选或未选均不得分)

1. D 【解析】 新中国成立以来,经国务院批准颁发的第一个幼儿教育法规是《幼儿园管理条例》。

2. B 【解析】 1923年,陈鹤琴先生在南京创办了我国最早的幼儿教育实验中心,创立了"活教育"理论。

3. C 【解析】 1989年,联合国大会通过《儿童权利公约》,用法律保护儿童的权利。

4. D 【解析】 儿童经过动手操作才能有更深刻的认识。

5. B 【解析】 环境,特别是教育对人的成长和发展有重要意义。

6. D 【解析】 陶行知提倡"生活教育"。

7. C 【解析】 蒙台梭利的教育观有:有吸收力的心灵、儿童有内部动机、强调感觉和儿童的经验等。

8. B 【解析】 幼儿教师的专业素质、教学思想、教学组织形式等直接决定幼儿园教育质量。

9. C 【解析】 幼儿园周、月计划属于近期计划。

10. D 【解析】 狭义的幼儿环境指幼儿园内所有的物质和精神环境。

11. D 【解析】 成人往往不能从幼儿角度出发思考幼儿教育,忽视幼儿特定年龄阶段的需求。

12. C 【解析】 培养活泼开朗的性格、发展个性是幼儿德育的重要内容。

13. D 【解析】 在幼儿园中,教育活动与游戏等活动是融为一体的。

14. B 【解析】 《幼儿园工作规程》规定:幼儿户外时间在正常情况下,每天不得少于2小时,寄宿制幼儿园不得小于3小时。

15. B 【解析】 教师在保教结合中起着至关重要的作用。教师的保育意识是实现保教合一的前提。

16. C 【解析】 儿童的词汇量随着年龄增长而不断增加。有关研究表明,3~4岁幼儿的词汇量为1730个,4~5岁为28532个,5~6岁为3562个。由此结果可看出,4~5岁是幼儿词汇量增长的活跃期。

17. A 【解析】《教育漫话》是洛克的著作；卢梭的代表著作是《爱弥儿》；杜威的代表著作是《民本主义与教育》；福禄贝尔的代表作是《人的教育》。

18. A 【解析】 教师在指导儿童结构游戏时要注意，幼儿园大班儿童应学会的结构知识和技能有：会识别左右；在建造技能上，要求他们建造的物体比中、小班幼儿更加精确、整齐、匀称，物体的结构更加复杂和富有创造性。同时，会使用辅助材料装饰建造物体，能够合作建造物体。

19. D 【解析】 保教结合是世界学前教育的发展趋势。在婴儿的每一项生活内容中都有保健与教育两重任务。近年来世界各国幼教都强调保教合一。

20. C 【解析】 墙面的布置要适合小班幼儿的身高，一般以幼儿的视线能够看清楚为宜。如果是供幼儿操作的墙面，则要在 100 ~ 130 cm 之间。

二、名词解释（共 5 题，每题 3 分，共 15 分）

1. 白板说：是洛克提出的教育思想，他认为人出生后心灵如同一块白板，没有任何标记和观念；人的一切知识都是后天得来的，都建立在经验的基础上。

2. 幼儿园的物质环境：分为广义和狭义两个方面。广义是指对幼儿园教育产生影响的一切天然环境与人工环境中物的要素的总和，包括：自然风光、城市建筑、社区绿化、家庭物质条件、居室空间安排、室内装潢设计等。狭义是指幼儿园内对幼儿发展有影响作用的各种物质要素的总和，包括：园舍建筑、园内装饰、场所布置、设备条件、物理空间的设计与利用及各种材料的选择与搭配等。

3. 间接教学：指教师对幼儿教学指导的一种形式。教师不是把教育要求直接讲给幼儿听，而是通过环境中适当的中介，比如，利用环境中的玩具、榜样、幼儿关心的现象或事件的作用等，迂回地达到教育目的。

4. 幼儿园课程：是指实现幼儿园教育目的的手段，帮助幼儿获得有益的学习经验，以促进其身心全面和谐发展的各种活动的总和，包括幼儿园进行的一切活动。

5. 幼小衔接：指幼儿园与小学直接过渡的特定阶段。学前阶段与小学阶段存在不同的教学特点，主导活动、作息制度、师生关系、环境布置、社会期望等都存在差异，导致儿童的生理、心理和社会性方面都出现不适应状态。幼小衔接是个长期的、整体性的工作，需要各个环节的密切配合。

三、判断题（共 10 题，每题 1 分，共 10 分。正确的请在题后括号中划“√”，错误的请在题后括号中划“×”，并说明错误原因）

1. × 【解析】 教育有广义和狭义之分，狭义的教育才是指学校教育。

2. √

3. √

4. × 【解析】 幼儿园以活动为主要内容，只涉及简单的读、写、算，大量的文化知识学习不适合幼儿身心发展阶段的需要。

5. √

6. × 【解析】 幼儿园的环境有广义和狭义之分，狭义的才是指幼儿园校舍等。

7. × 【解析】 对游戏的指导应有启发性，不能盲目地干涉。

8. × 【解析】 教师与幼儿的沟通除了言语沟通外，还有非言语的形式，如身体接触等。

9. × 【解析】 幼儿的游戏以间接指导为主，但是效果的好坏不是以直接和间接为区分的。

10. × 【解析】 幼儿和成人享有基本权利，但是在特殊领域权利上有差异。

四、简答题(共4题，每题5分，共20分)

【答案要点】

1. (1)幼儿的学习主要是在游戏活动中进行的；
(2)幼儿学习注重真实经验和主动参与；
(3)幼儿的学习更需要教师的指导。

2. (1)侵犯学生受教育机会的平等权；
(2)侵犯学生的入学权；
(3)侵犯学生参加考试的权利；
(4)随意开除学生。

3. 幼儿园环境创设的原则是指教师创设幼儿园环境时应遵循的基本要求。
(1)环境与教育目标一致性原则；
(2)发展适宜性原则；
(3)幼儿参与性原则；
(4)开放性原则；
(5)经济性原则。

4. 幼儿的教育离不开家庭，其原因是：
(1)家庭是幼儿成长最自然的生态环境；
(2)家庭是幼儿的第一所学校；
(3)家长是幼儿园重要的教育力量。

五、论述题(共 2 题,每题 10 分,共 20 分)

【答案要点】

1. 提高与幼儿言语沟通的质量,最根本的是教师从权威的地位转到与幼儿平等交流、共同分享的地位,并真正地面向全体幼儿。在此基础上,具体的技能是必要的。

(1)引发交谈的技能。善于敏锐地抓住时机,创造气氛,发现幼儿感兴趣的话题,将幼儿自然地引入交谈之中,或者善于用多种方法引起幼儿对某个特定话题的兴趣。

(2)倾听的技能。用恰当的言语或非言语方式热情地接纳和鼓励幼儿谈话、提问,让幼儿产生"老师很喜欢听我说""老师觉得我的问题很有意思"的喜悦感和自信心,并相信老师是自己随时可以交谈的对象。

(3)扩展谈话的技能。用幼儿能够理解的方式向幼儿提供适宜的信息、词汇或问题,引导幼儿把谈话延续、深入下去。

(4)面向全体、注意差异、有针对性的谈话技能。例如,注意激发那些沉默寡言或说话不清的幼儿的说话积极性,耐心倾听,尽量多鼓励;根据幼儿的特点使用不同的话题、方式、词汇、语速等有效地刺激幼儿交谈。

(5)结束交谈的技能。适时地结束谈话,让幼儿表现出满足感。即使由于时间或别的原因必须要结束谈话,也要让幼儿感到,老师很想听他讲,可惜没时间了,回头还有机会的。

2. 幼小衔接工作是一项长期的、整体性的工作,其表现在:

(1)长期性而非突击性。幼儿园教育是终身教育的一个重要组成部分,要为儿童的终身发展打好基础。因此,不应当把幼小衔接工作仅仅视为两个教育阶段的过渡问题,而应把它置身于终身教育的大背景下去考虑。应当看到,让幼儿顺利地进入小学只是幼儿园教育的近期目标,它是实现幼儿园教育长远目标的一个组成部分。也就是说,要以儿童的长远发展为目标,对儿童进行全面的素质教育。对幼儿园来讲,在时间上要把幼小衔接工作贯穿于幼儿园教育的各个阶段,而不仅仅是大班后期;在内容上要涉及幼儿发展的各个方面,而不仅仅是知识准备;在人员上要包括幼儿园全体人员、家长及有关成人,而不仅仅是大班老师。对小学来讲,也不能仅仅把衔接工作看成是幼儿园的事情,而应当遵循素质教育的精神,改革不适合儿童发展的教育形式、方法等。

(2)整体性而非单项性。幼小衔接是全面素质教育的重要组成部分,应当从幼儿体、智、德、美各方面全面进行,不应仅偏重某一方面。在实际幼小衔接工作中,偏重"智"的倾向比较严重。有的教师一谈到衔接,马上就想到让幼儿认汉字、学拼音、做算术题,而对于体、智、德、美各方面的全面准备重视不够。研究表明:健康的身体、积极的学习态度、浓厚的学习兴趣及求知欲、充足的自信心与自我控制能力、稳定的情绪以及人际交往能力、独立性等,对幼儿顺利适应小学生活是至关重要的。儿童入学后适应不良的主要原因是对新环境所需的身体、心理素质、独立自理能力等准备不足。幼儿入学适应困难不仅仅是在“智”的方面，更多的是由于身体素质、态度、习惯、意志、人际关系、交往能力、独立自理能力等方面的准备不足而造成的。要搞好幼小衔接工作，必须促进幼儿的体、智、德、美的全面发展，在全面发展教育过程中培养他们入学所必需的各种基本素质。在衔接中仅偏重某一方面是错误的，而在某一方面中又偏重某些因素则更片面了。

六、案例分析题（共 1 题，每题 15 分）

【答案要点】

(1)游戏在幼儿园活动中能够促进幼儿体力的发展；

(2)游戏中用连贯性的语言对游戏进行评价，能够促进幼儿智力的发展；

(3)不同种类的游戏能够促进幼儿创造力的发展；

(4)在游戏中，幼儿可以与同伴进行随意交谈，能够促进幼儿情感的发展；

(5)促进幼儿社会性的发展；

(6)游戏的丰富性促进幼儿美感的发展。

教师公开招聘考试教育理论基础知识
真题汇编试卷(五)参考答案及解析

一、单项选择题(共 20 题,每题 1 分,共 20 分。在每题的备选项中,只有 1 个最符合题意。错选、多选或未选均不得分)

1. C 【解析】 80 年代以来,学前教育目标由“智育中心”向注重整体发展方向转变。

2. D 【解析】 儿童学业成败与诸多因素都有关系,其中学校教育方式占有重要地位。

3. D 【解析】 个体遗传素质的差异是引起儿童身心发展出现差异性的物质基础。

4. C 【解析】 世界上第一所以“幼儿园”命名的学前教育机构是福禄贝尔于 1837 年在勃兰根堡开办的学前教育机构,1840 年正式命名为“幼儿园”。

5. D 【解析】 亲社会行为的发展是幼儿道德发展的核心问题。

6. A 【解析】 随着年龄的增长,幼儿情境言语的比重不断下降,连贯言语比重不断上升,逻辑言语与对话言语的比重也随着年龄的增长而上升。

7. D 【解析】 幼儿的观察一般是笼统的,看得不细致是幼儿的特点和突出问题。

8. C 【解析】 习惯化是对外源刺激的反应强度随该刺激的重复出现而减弱以至消失,停歇一定时间后遇同样刺激又恢复反应的现象。当婴儿注意一个对象时,他的心率会放慢且会将头转向刺激源,但当同一个刺激持续呈现的时候,婴儿的心率就会逐渐恢复到原来的水平,或将头转开。

9. C 【解析】 直观行动思维是指依靠对事物的感知和人的动作来进行的思维。直观行动思维的典型方式是尝试错误。

10. B 【解析】 当物体触及掌心,新生儿立即把它紧紧抓住,这是新生儿的抓握反射,这种反射通常在出生后 3 ~4 个月消失。

11. B 【解析】 世界上第一套智力测验量表是 1905 年出版的比纳量表。

12. B 【解析】 最早使用“教育”一词的是孟子,《孟子 · 尽心上》中说:“得天下英才而教育之。”

13. C 【解析】 对生人由怕到不怕属于态度的学习。

14. D 【解析】 蒙台梭利是世界上第一个为母亲开办“讲习会”的教育家。

15. D 【解析】 学校中的德育由政治教育、思想教育、道德品质教育三个方面组成。

16. A 【解析】 我国幼儿的在园年龄范围是 3 ~6 岁。

17. C 【解析】 应激是对突发事件的一种反应。

18. D 【解析】 儿童体温(以腋下温度为准)超过37℃可认为发热,体温在37℃~38℃为低热,38.1℃~39℃为中度发热,39.1℃~40.4℃为高热,40.3℃以上为超高热。新生儿负责大脑体温调节的中枢系统发育还不成熟,有时体温高于37℃,但在37.5℃以下,仍为正常体温。

19. B 【解析】 幼儿教师的主要责任在于使幼儿经常处于快乐的情绪之中,培养良好的心理素质和发挥成长的潜力。

20. D 【解析】 在幼儿的交往关系类型中,被拒绝型的幼儿经常精力充沛,社会交往积极性很高,常有攻击行为。

二、名词解释(共6题,每题3分,共18分)

1. 儿童观是指人们对于儿童的根本看法和态度。主要涉及儿童的地位和权利、儿童期的意义、儿童的特点和能力、儿童生长发展的特点和原因等问题。教育观是人们对于教育在儿童发展中作用的根本看法。

2. 凡利用各种结构材料或玩具进行建构的活动都称之为结构游戏。

3. 身心发展的阶段性是指个体在不同的年龄阶段所表现出的身心发展不同的总体特征及主要矛盾,面临不同的发展任务。

4. 发育是指个体从出生到成熟所经历的一系列有序的发展变化过程,主要指儿童生理的发展,包括脑的发育、生理发育等。

5. 保教结合的原则,也称保教合一或保教并重,指对幼儿保育和教育要给予同等的重视,并使两者相互配合。

6. 能力是指人们成功地完成某种活动所必需的个性心理特征。

三、简答题(共4题,每题6分,共24分)

【答案要点】

1. (1)全民教育是教育发展的方向;

(2)提倡终身教育;

(3)倡导教育的民主化;

(4)教育的现代化。

2. (1)性格的完整性;

(2)性格的复杂性;

(3)性格的稳定性;

(4)性格的可塑性。

3. 学前儿童语言教育的内容可以分为两大部分:一是教给儿童本民族的语言符号系统,在我国主要是指现代汉语的语音、词汇、语法及表达方式等；二是教儿童学习运用语言，其中既包括语言知识的传授，如语言的功能、言语交际规则等，也包括语言运用能力的实践训练。

4.(1)鉴定作用；

(2)诊断作用；

(3)改进作用；

(4)导向作用。

四、论述题(共2题，每题10分，共20分)

【答案要点】

1.整个幼儿期，儿童对自己的评价能力不高，仍处于学习评价和自我评价的阶段，其自我评价表现出以下特点：

(1)从依从性评价发展到对自己个别性和多面性的评价。幼儿初期对自己或别人的评价往往都是成人简单的复述，幼儿晚期开始出现独立性评价。

(2)从对自己外部行为的评价，逐渐出现对内心品质的评价。幼儿基本上是对自己的外部行为进行自我评价，而不能深入到对自己内心品质进行自我评价。

(3)从主观情绪性的评价到初步客观的评价。幼儿的自我评价常常不是从具体事实出发，而是从情绪出发，带有主观片面性。

2.(1)提倡以儿童为中心；

(2)教育即生长，教育即生活，教育即经验的改造；

(3)提出以经验为基础的课程。

五、案例分析题(共2题，每题9分，共18分)

【答案要点】

1.幼儿园开展的照相馆游戏属于角色游戏。教师组织幼儿开展游戏活动时应注意以下几个方面：

(1)尊重幼儿的自主性。幼儿有自己的兴趣和需要，教师应尊重幼儿选择游戏的意愿，让幼儿自由地、愉快地参加游戏，促进其个性的发展。

(2)以间接指导为主。幼儿的游戏是对幼儿生活的反映，其生活经验是幼儿游戏的基础和源泉。教师要观察并合理参与幼儿的游戏，以间接指导为主。

(3)按游戏发展规律和游戏类型不同而指导。由于不同的游戏具有不同的特点，所以教师对游戏的指导还应考虑到游戏的种类和特点。

2.社区对幼儿园教育的影响主要有以下几个方面：

(1)社区环境的教育意义。社区的自然环境和人文环境在幼儿的成长，特别是幼儿精神成长中有着特殊的意义。幼儿园教育扩展到社区的大背景下进行，充分利用社区环境中富有教育意义的自然和人文景观、革命历史文物、遗迹等，不仅扩大了教育的空间，也使教育内容不断丰富和深化。

（2）社区资源的教育意义。社区作为一个生产功能、生活功能、文化功能兼备的社会小区，能为幼儿园教育提供必要的人力、物力、财力、教育场所等多方面的支持。

（3）社区文化的教育意义。社区文化无形地影响着幼儿园的教育，优秀的社区文化更是幼儿园教育的宝贵资源。一般来说，文化和文明程度较高的社区，幼儿园的园风相对较好，教育质量也相对较高。

教师公开招聘考试教育理论基础知识
押题预测试卷(一)参考答案及解析

一、单项选择题(共20题,每题1分,共20分。在每题的备选项中,只有1个最符合题意。错选、多选或未选均不得分)

1. C 【解析】 婴儿的喂养过程是建立亲子关系和依恋关系的重要时期。

2. D 【解析】 观察法是在自然条件下,教师有目的、有计划地对所要研究的现象或行为进行观察、记录和评价的方法。

3. A 【解析】 注意广度是指在同一时间内能清楚地把握对象的数量。

4. D 【解析】 语词逻辑记忆也称逻辑记忆或词的抽象记忆,是以语词所概括的逻辑思维结果为内容的记忆,即以概念、判断和推理为内容的记忆。

5. B 【解析】 观察法是对不具备语言表达能力的婴儿的行为进行研究时常用的方法。

6. A 【解析】 玩沙和玩水既可以锻炼幼儿的感知觉能力,又能丰富幼儿的想象力和创造力,属于感觉运动游戏。

7. D 【解析】 对幼儿来说,对不同的几何图形辨别的难度有所不同,由易到难的顺序是:圆形、正方形、半圆形、长方形、三角形、八边形、五边形、梯形、菱形。

8. C 【解析】 教幼儿认识简单的字不是托儿所的保教任务。

9. B 【解析】 学前教育应注意与小学的衔接。

10. D 【解析】 气质是个体所有心理活动的动力特征。

11. A 【解析】 学前儿童新陈代谢旺盛,心脏发育不完全,心肌收缩能力较弱,主动脉口径相比肺动脉小,故每搏输出量比成人少,因而只有增加搏动频率才能适应机体组织的需要。因此,年龄越小,每分钟心率、脉搏次数越多。

12. C 【解析】 婴儿“认生”一般发生在6~12个月。

13. A 【解析】 亲子关系是一种血缘关系。

14. A 【解析】 学前期(3~6岁),也叫幼儿期。包括幼儿初期(3~4岁);幼儿中期(4~5岁);幼儿晚期(5~6(7)岁)。

15. A 【解析】 感觉是对直接作用于感官的客观事物个别属性的反映。

16. B 【解析】 行为练习法最有利于儿童亲身体验,内化行为规则。

17. D 【解析】 教师将教育内容融入游戏中,才能真正贯彻游戏化的教学方法。

18. B 【解析】 17世纪英国唯物主义哲学家洛克继承和发展了亚里士多德的蜡块说,认为人出生时心灵像白纸或白板一样，人的一切观念和知识都是外界事物在白纸或白板上留下的痕迹，最终都源于经验。

19. D 【解析】 婴儿最初的语音发展规律具有普遍性，1.5～2.5岁是婴儿获得母语基本语法的关键期。

20. C 【解析】 社区教育最早起源于丹麦，1844年，丹麦教育家维隆在乡村建立国民高等教育学校。

二、多项选择题（共10题，每题2分，共20分。在每题的备选项中，有2个或2个以上符合题意，至少有1个错项。错选，本题不得分；少选，所选的每个项得0.5分）

1. CD 【解析】 幼儿园主题活动是指围绕着贴近儿童生活的某一中心内容即主题作为组织课程内容的主线来组织教育教学的活动。它打破学科领域的界限，根据主题的核心内容，确定主题展开的基本线索，再顺着这些基本线索，确定主题的具体内容，并创设相关的教育环境，组织开展一系列教育教学活动。

2. ABCD 【解析】 爱模仿属于幼儿初期的心理特点。

3. ACE 【解析】 影响创造性的因素有环境、智力和个性。

4. ACE 【解析】 应用不属于加工过程，而编码隶属于获得与巩固过程。

5. ACDE 【解析】 幼儿想象力发展的主要特点表现在以下几个方面：①幼儿的想象没有目的，没有前后一贯的主题；②幼儿想象以无意想象为主；③幼儿的想象以再造想象为主，创造想象开始发展。

6. ABCD 【解析】 ABCD属于幼儿心理学研究的基本原则，E属于幼儿教学的基本原则。

7. ABCD 【解析】 影响儿童攻击性行为的因素有父母的惩罚、大众传播媒介、强化、挫折。

8. ABCD 【解析】 以游戏对于儿童认知发展的功能来分，可以把游戏分为以下几种类型：功能游戏、建筑游戏、假装游戏、规则游戏。

9. AB 【解析】 幼儿心理健康教育游戏应该具有目标性和针对性。

10. ABD 【解析】 幼儿教育心理学发展萌芽时期的三位主要代表人物分别是卢梭、福禄贝尔和蒙台梭利。

三、简答题（共4题，每题6分，共24分）

【答案要点】

1.（1）满足幼儿全面发展的整体需要，有效地发挥各领域的教育作用；

（2）符合幼儿的年龄特点，是幼儿必要和有效的学习内容；

(3)联系幼儿的实际生活经验与兴趣,内容具有时代性和丰富性;

(4)适合幼儿的能力与发展需要,对幼儿的进一步学习具有挑战性。

2. 儿童心理年龄特征是在一定社会和教育条件下,在儿童发展的各个不同年龄阶段中形成的一般的、典型的、本质的心理特征。

(1)年龄阶段的时间有长有短,各个阶段中既有上一阶段的特征,又含有下一阶段的新质,但每一个阶段里总具有占主导地位的本质特征。从总的发展过程来说,这些阶段的先后次序和时距大体上是恒定的。

(2)儿童心理年龄特征是从一定年龄阶段中许多个别儿童的心理特征中概括出来的,因此它只能代表这一年龄阶段儿童心理发展的典型特征和一般趋势,而不能代表这一年龄阶段中每个儿童所有的心理特征。

3. (1)兴趣比较广泛但不稳定;

(2)兴趣比较肤浅且容易变化;

(3)兴趣表现出年龄差异和个别差异。

4. 幼儿园实行园长负责制,园长全面主持幼儿园的工作,其主要职责如下:

(1)贯彻执行国家的有关法律、法规、方针、政策和上级主管部门的规定;

(2)领导教育、卫生保健和安全保卫工作;

(3)负责建立并组织执行各种规章制度;

(4)负责聘任、调配工作人员,指导、检查和评估教师以及其他工作人员的工作,并给予奖惩;

(5)负责工作人员的思想工作,组织文化、业务学习,并为他们的政治、文化和业务进修创造必要的条件,关心和逐步改善工作人员的生活和工作条件,维护他们的合法权益;

(6)组织和管理园舍、设备和经费;

(7)组织和指导家长工作;

(8)负责与社区的联系和合作。

四、论述题(共 2 题,每题 11 分,共 22 分)

【答案要点】

1. (1)把目标的制定当作幼儿园教育过程的起始环节,目标的确立要先于过程。

(2)目标的内容包括认知、情感、技能三个领域。目标的内容要全面,要能促进幼儿的认知、情感态度和能力的发展。

(3)目标主语要统一,表述要前后一致。目标主语最好以幼儿"行为发展目标"提出,这样有利于教师始终围绕"如何促进幼儿发展"来选择适宜的教育策略与手段。

(4)目标制定要明确、具体。目标制定的越明确、具体,实施起来就越容易,这样也更有利于活动之后目标评价的进行。

(5)目标制定要依据本班幼儿的实际情况。只有在研究和把握本班幼儿身心发展的实际水平、发展需要和可能性的基础上,才能确定幼儿进一步发展的潜力和方向。

(6)目标制定要促进全体幼儿的发展。制定目标时要考虑不同幼儿的不同需要和发展目标,尽量满足幼儿的各种需求。

(7)目标制定应体现幼儿园整合课程的特点。幼儿教师要深入分析具体教学内容的知识体系,从所教领域出发,挖掘其促进幼儿全面发展的教育潜质。

(8)目标制定适宜幼儿的发展需要。要根据幼儿的发展需要制定目标,让孩子有更多以游戏为基本形式的学习活动的时间与空间。

2.(1)游戏是幼儿的自主活动。本案例中,教师通过创设环境、提供材料等方式来刺激某一游戏的主题出现,但不是告诉、规定幼儿玩某一主题的游戏。

(2)游戏无强制的外在目的。幼儿在游戏中,往往更关注游戏的过程,而不是游戏的结果。本案例中,理发的操作过程给幼儿带来了笑声。

(3)游戏伴随着愉悦的情绪体验。由于在游戏中没有刻意要达到的目标,并不追求某一结果,减轻了为达到目标而产生的紧张和心理压力,幼儿在游戏中容易取得成功。因而,幼儿在游戏中成功的体验强于失败的体验,总是处于愉悦的情绪体验之中。

(4)游戏活动是在假想的情景中发展的。用幼儿的话来说,游戏中的人、物和景都是“假”的,是“装”的,不是真的。本案例中,帮“顾客”围上毛巾等必备物品,拿起玩具剪刀对“顾客”的头发进行操作等,都是在假想的情景中发展的。

五、案例分析题(共1题,每题14分)

【答案要点】

(1)注意倾听。教师要用言语和非言语的方式表示关注、接受和鼓励幼儿的谈话,在倾听时,教师要有耐心,还要细心揣摩和理解幼儿言语中潜在的意义。

(2)注意身体姿势。一个具有良好沟通技巧的教师在与孩子谈话时,会注意自己的声音、姿态以及运用和强调的词语。

(3)语言的表达要简明,易于理解,便于幼儿能够理解和记住。

(4)在与孩子沟通的时候,教师可以表达自己的思想和情绪,使幼儿了解教师的想法,方便老师和幼儿的交流和沟通。

教师公开招聘考试教育理论基础知识
押题预测试卷(二)参考答案及解析

一、单项选择题(共 20 题,每题 1 分,共 20 分。在每题的备选项中,只有 1 个最符合题意。错选、多选或未选均不得分)

1. B 【解析】 教育部 1951 年制订《幼儿园暂行规程》,将幼稚园改名为幼儿园。

2. B 【解析】 晓明认为爸爸和自己的想法一样,以自己的处境和角度来考虑爸爸的感受。这说明小明的思维具有自我中心性。自我中心性是前运算阶段的特征。

3. C 【解析】 "培养儿童活泼开朗的性格"属于德育范畴。

4. B 【解析】 学前教育是一种为儿童今后发展奠定基础的启蒙教育。

5. B 【解析】 遗传素质为人类的身心发展提供了物质前提,但是不起决定作用。

6. A 【解析】 《母育学校》是世界上第一部论述学前教育的专著。

7. B 【解析】 "三翻六坐八爬"说的是 3 个月的婴儿会翻身,6 个月会坐,8 个月会爬。婴儿的动作发展最早是从头部开始的,先会抬头,再会转头,然后慢慢能够翻身、坐、爬,即符合从上部到下部的规律。

8. D 【解析】 正确的做法是扩大娃娃家的内容和数量,使更多的孩子可以参与到游戏中来,满足幼儿期"以游戏为基本活动"的需要。

9. C 【解析】 教师在选择教育内容和教育材料时应该依据幼儿的兴趣和发展水平来进行。

10. C 【解析】 幼儿健康和体育活动的首要任务是要保护儿童的生命健康,增强体质;其次就是培养儿童良好的生活习惯以及独立生活的能力。

11. A 【解析】 注意的广度也叫注意的范围,是指在同一时间内能清楚地把握对象的数量。

12. C 【解析】 形成儿童创造美的能力是儿童美育最高层次的任务。

13. B 【解析】 3 岁幼儿主要是由于知识经验不足,掌握的熟练动作少,而且注意分配能力差,活动时来不及关心别人,所以只能单独玩。

14. B 【解析】 卢梭认为,自然教育的核心是教育必须遵循自然,顺应人的自然本性。

15. C 【解析】 《汉书·贾谊传》里说:"少成若天性,习惯成自然。"

16. C 【解析】 儿童 3 岁的时候出现了自我意识的萌芽。

17. C 【解析】 儿童大脑各区的成熟顺序是:枕叶—颞叶—顶叶—额叶。

18. A 【解析】 远期目标是指导幼儿园开展教育工作的纲领性目标,具有普遍的指导意义。

19. D 【解析】 母乳是最理想最天然的哺育孩子的食品。

20. C 【解析】 家长是教师了解幼儿的一个重要的渠道。

二、多项选择题(共10题,每题2分,共20分。在每题的备选项中,有2个或2个以上符合题意,至少有1个错项。错选,本题不得分;少选,所选的每个项得0.5分)

1. ABCE 【解析】 本题考查幼儿体育的目标及内容。

2. ABCE 【解析】 幼儿园教育活动原则包括幼儿园教育的一般原则和特殊原则。一般原则包括尊重儿童的人格尊严和合法权益的原则,促进儿童全面发展的原则;特殊原则包括保教结合的原则,教育活动的多样性原则,发挥一日活动整体教育功能的原则,教育引导发展的原则。

3. ABCD 【解析】 幼儿教师的职业能力主要有观察力、沟通的能力、组织分组活动的能力。

4. BCDE 【解析】 本题考查引起幼儿注意分散的原因。

5. ABCD 【解析】 个性的基本特征有独特性、整体性、稳定性和社会性。

6. ABDE 【解析】 一般认为,学前儿童的心理健康标准可以从动作、认知、情绪、意志、行为及人际关系等方面衡量,即表现为动作发展正常、认知活动积极、情绪积极向上、人际关系融洽、性格特征良好、没有严重的心理健康问题。

7. ABCD 【解析】 本题考查当代正确儿童观的内容,其包括:树立新时代儿童的正确形象;尊重儿童;发挥每个儿童的潜能;让儿童成为学习的主体;改变传统教育观念;发挥儿童的主体能动性;尊重儿童的个性;建立新型师生关系。

8. BC 【解析】 玩具是幼儿游戏的物质基础和物质中心。

9. ABCD 【解析】 角色游戏的教育作用表现在:①角色游戏能帮助幼儿认识社会;②角色游戏为幼儿提供了广泛的交往机会和道德行为实践的机会;③角色游戏对发展幼儿的智力,特别是想象力和创造力,具有重大的意义;④角色游戏能促进幼儿身心的健康发展。

10. ACD 【解析】 本题是对学前家庭教育的特征的考查。学前家庭教育的特征有:领先性、单独性、随意性、随即性、长久性等。

三、判断题(共5题,每题1分,共5分。正确的请在题后括号中划"√",错误的请在题后括号中划"×",并说明错误原因)

1. × 【解析】 奥苏贝尔提倡有意义的学习,反对机械学习,但他认为在学校中有意义的学习应当通过接受学习来实现。

2. × 【解析】 为提高学习的积极性,应将学习失败归因于外部的原因,即自己不努力。能力不足是内部归因,不会提高学习的积极性。

3. × 【解析】 题干所指的是测验的信度。

4. × 【解析】 题中所述不符合素质教育的要求,也不利于学生的发展。

5. √

四、简答题(共 4 题,每题 5 分,共 20 分)

【答案要点】

1. (1)把幼儿园一日活动列入教育计划,保证幼儿身心得到全面的、充分的、主动的发展;

(2)要制定一日生活常规;

(3)要把组织的集体教育活动和分散的个体活动结合起来;

(4)处理好自由与纪律的关系;

(5)要面向全体幼儿;

(6)保教结合、教养并重。

2. (1)培养良好的学习习惯;

(2)培养良好的非智力品质;

(3)发展思维能力和基础能力。

3. (1)从概括的性质的演变来看,一般认为是从动作的概括向表象概括,再向概念概括发展;

(2)从反映的内容的演变来看,一般是从反映事物的外部联系、现象到反映事物的内在联系、本质发展,从反映当前事物到反映未来事物发展;

(3)从思维发展的方式看,幼儿的思维最初是直觉行动的,然后出现具体形象的,最后发展起来抽象逻辑思维。

4. (1)重视家庭教育;

(2)明确提出了幼儿园的任务;

(3)创制了“恩物”;

(4)强调游戏在幼儿园教育中的地位和作用;

(5)强调作业的重要性。

五、论述题(共 2 题,每题 10 分,共 20 分)

【答案要点】

1. (1)学前教育中心的转移。20 世纪 80 年代以来,世界发达国家学前教育目标有一个明显的变化，那就是从“智育中心”向注重整体方向转变。

(2)多形式和多功能的学前教育机构。各国学前教育事业不断发展，但正规的学前教育机构仍然难以满足社会上的不同需要，近年来，许多国家学前教育机构的办学形式日益多样化和灵活化。

(3)倡导多元文化教育。多元文化教育包括两个组成部分：就国内而言，多元文化教育即在各种文化共存的国家背景之下，允许和保障各民族的文化共同平等发展，以丰富整个国家的文化教育；就国外而言，多元文化教育即要加强全球观念的培养。

2.(1)环境熏陶法。环境熏陶法是指在家庭教育中，家长有意识地创设一个和谐的家庭生活环境，使孩子受到潜移默化的影响，以培养孩子良好道德品质的一种方法。

(2)兴趣诱导法。兴趣诱导法是指在家庭教育中，家长要通过各种机会了解孩子的特点，发现孩子的需要，捕捉孩子的兴趣，因势利导，使孩子的个性充分发展的方法。

(3)暗示提醒法。暗示提醒法即家长用间接而含蓄的方式对孩子的心理施加影响，从言语上提示孩子、从感情上感染孩子、从行为上引导孩子的方法。

(4)活动探索法。活动探索法即家长让孩子通过丰富多彩的活动掌握多种技能、培养顽强意志的一种方法。

(5)榜样示范法。榜样示范法即家长以自己和别人的好思想、好言语、好行为，形象生动地影响孩子的一种方法。

六、案例分析题(共1题，每题15分)

【答案要点】

(1)对儿童给予充分的关注和爱护，让儿童能够了解和感受到关心和爱护；

(2)对其行为多予以积极评价，并教会他们对他人评价做出更积极的解释，让幼儿学会更多地表扬他人，学会称赞；

(3)学会对失败和挫折进行合理的自我归因，不要完全否定自我，要学会树立自信心；

(4)多选择同自己年龄、性别、职业、能力、态度和经济社会地位相近或相似的人进行社会比较；

(5)多出现在能显示自我真实价值和品质的场合，以获得正确的信息反馈和评价。

教师公开招聘考试教育理论基础知识
押题预测试卷(三)参考答案及解析

一、单项选择题(共20题,每题1分,共20分。在每题的备选项中,只有1个最符合题意。错选、多选或未选均不得分)

1. B 【解析】 1907年,蒙台梭利在罗马平民区创办了"儿童之家",从事教育实验。

2. C 【解析】 幼儿教育是最简捷有效的影响幼儿身心发展的方式。

3. C 【解析】 掌握动作技能阶段是体育过程中最主要的环节。

4. D 【解析】 行为主义的创始人华生根据对医院500多名婴儿的观察提出:新生儿有三种天生的主要情绪,即怕、怒和爱。

5. B 【解析】 在幼儿的教育过程中,教师与家长都是平等的教育主体。

6. B 【解析】 美本身具有形象性的特点,而幼儿一般通过感知、交往和操作活动得到美感。幼儿感知事物时,总喜欢看一看、听一听、闻一闻、摸一摸,甚至抱一抱、亲一亲,手舞足蹈。幼儿是在"活动"中感知美,而不是"静静地"品味美。

7. A 【解析】 语言激励法即幼儿教师用有趣的故事、谜语或生动的动作描述激起幼儿活动的兴趣。

8. C 【解析】 道德意志是人们在实现道德目的的过程中所表现出的主观能动性。

9. B 【解析】 日常生活是实施幼儿德育最基本的途径。

10. C 【解析】 家长委员会是幼儿家长参与托幼机构管理的主要形式。

11. D 【解析】 激情是一种爆发式、猛烈而短暂的情绪状态,狂喜、暴怒、恐怖、绝望等都是激情的表现。

12. A 【解析】 移情是导致亲社会行为最根本、最内在的因素。

13. D 【解析】 行动研究是从实际工作需要中寻找课题,在实际工作过程中进行研究的方法。

14. D 【解析】 儿童对实词的掌握顺序是:名词、动词、形容词。

15. C 【解析】 幼儿教师晨间接待幼儿入园工作的重点是检查孩子的身心状况。

16. B 【解析】 有差别的微笑的出现,是最初社会性微笑发生的标志。

17. D 【解析】 福禄贝尔是最早命名幼儿园、提出完整的幼儿教育思想的人。故福禄贝尔被世人誉为"幼儿教育之父"。

18. B 【解析】 运动记忆约在婴儿出生后第一个月内出现。

19. B 【解析】 古希腊哲学家柏拉图第一次提出了学前社会教育的主张。

20. B 【解析】 目前我国还没有把学前教育纳入到义务教育的范畴之中。

二、多项选择题(共10题,每题2分,共20分。在每题的备选项中,有2个或2个以上符合题意,至少有1个错项。错选,本题不得分;少选,所选的每个项得0.5分)

1. BC 【解析】 本题是对不同历史发展阶段的学前教育任务的考查。20世纪中期至60年代,学前教育大多把儿童的智力教育和社会性发展作为主要的任务。

2. ABC 【解析】 幼儿教师的职业素质包括思想道德素质、基本文化素质、个性心理素质。

3. ABCE 【解析】 志存高远、勤恳敬业、甘为人梯、乐于奉献,是新时期教师职业道德规范中教师爱岗敬业的体现。

4. ACDE 【解析】 目前我国幼儿园课程的主导定义是活动论。

5. ACDE 【解析】 学前儿童常见的问题行为有攻击性行为、嫉妒行为、退缩性行为、破坏性行为、残忍行为、欺骗行为。

6. ABCD 【解析】 在组织学前儿童体育活动时,教师应注意合理安排、调节幼儿的身体和心理所承受的负荷量,以达到最佳锻炼效果,提高身体运动的机能,保证身心和谐发展。而不是少量性原则。

7. ABCD 【解析】 陈鹤琴把儿童绘画的发展分为四个时期,即涂鸦期、象征期、定型期和写实期。

8. AD 【解析】 早期阅读活动主要是为学前儿童提供阅读图书的经验,包括早期识字经验和早期书写经验。

9. BD 【解析】 1.5~2岁是儿童语言真正形成时期,也是儿童语言发展最为迅速的阶段,此时期会出现“语言爆炸现象”。

10. AB 【解析】 非正规性科学教育活动又称为选择性科学教育活动,是指幼儿在科学活动室(桌)、自然角或活动室的区角等设施内进行的科学教育活动。

三、判断题(共3题,每题3分,共9分。正确的请在题后括号中划“√”,错误的请在题后括号中划“×”,并说明错误原因)

1. × 【解析】 学前教育是指从出生到6岁前儿童的教育。幼儿教育是指对3~6岁年龄段儿童实施的教育。

2. √

3. × 【解析】 幼儿的发展必须是全面的发展,各个方面不可偏废。

四、简答题(共4题,每题4分,共16分)

【答案要点】

1.(1)父母的惩罚;

(2)大众传播媒介;

(3)强化;

(4)挫折。

2.(1)行为具有强烈的情绪性;

(2)爱模仿;

(3)思维仍带有直觉行动性。

3.(1)教师选择特定问题加以关注,并从课程、学生等领域,收集关于这一问题的资料;

(2)教师分析收集来的资料,利用自我提问的方式来帮助理解;

(3)教师建立假设以解释情境和指导行动,并在内心对行动的短期和长期效果加以考虑;

(4)实施行动计划。

4.(1)主题与时间不稳定,易变换;

(2)幼儿想象的夸张性;

(3)缺乏计划性和预定的目的,只满足于想象过程本身;

(4)想象的创造成分还保留在具体形象的水平上,不能在语词的水平上进行创造性想象。

五、论述题(共2题,每题10分,共20分)

【答案要点】

1.(1)培养幼儿的主动性;

(2)培养独立性;

(3)发展人际交往能力;

(4)培养幼儿的规则意识和任务意识。

2.幼儿园应以游戏为基本活动,主要原因如下:

(1)游戏是幼儿身心发展的客观要求(生理、认知、社会性、自我表现发展的需要);

(2)游戏是幼儿的主体性活动(主动性活动、独立性活动、创造性活动);

(3)游戏促进幼儿的学习与发展(身体、认知、语言、社会性、情绪情感的发展)。

六、案例分析题(共 1 题,每题 15 分)

【答案要点】

学前儿童情绪的发展趋势:

(1)情绪的丰富和深刻化;

(2)情绪的稳定性逐渐提高;

(3)情绪不断社会化。

培养学前儿童良好情绪的基本策略:

(1)合理的生活制度、丰富的生活内容,能让幼儿处于愉快的情绪之中;

(2)和谐的家庭生活、良好的情绪示范和教养态度对幼儿良好情绪的发展作用极大;

(3)通过文学艺术作品培养幼儿高级情感;

(4)帮助幼儿克服不良情绪。

教师公开招聘考试教育理论基础知识

押题预测试卷(四)参考答案及解析

一、单项选择题(共 20 题,每题 1 分,共 20 分。在每题的备选项中,只有 1 个最符合题意。错选、多选或未选均不得分)

1. C 【解析】 题干是质的研究的定义。

2. C 【解析】 由于儿童发展水平不一样,错觉也存在个体差异性。

3. B 【解析】 形象记忆是指以感知过的事物形象为内容的记忆。

4. A 【解析】 粘液质是以稳重,但灵活性不足;踏实,但有些死板;沉着冷静,但缺乏生气为特征的。

5. B 【解析】 皮亚杰认为儿童心理发展的四个基本要素是成熟、练习和习得的经验、社会性经验、具有自我调节作用的平衡过程。

6. B 【解析】 教育的最高理想是通过教育目的来体现的。

7. D 【解析】 气质是个体心理活动的动力特征。

8. C 【解析】 直观行动思维活动的典型方式是尝试错误。

9. A 【解析】 社区幼儿教育的基本特点有非正规性、开放性、综合性和地域性。

10. D 【解析】 表演游戏是儿童按照故事、童话的内容,分配角色,安排情节,通过动作、表情、语言、姿势等来进行的游戏。

11. B 【解析】 艾宾浩斯的遗忘曲线表明遗忘的速度是先快后慢。

12. C 【解析】 发散思维是指人们解决问题时,思路向各种可能的方向扩散,从而求得多种答案。

13. A 【解析】 自我评价是自我意识的核心,自我评价能力的发展是自我意识发展的重要标志。幼儿期是儿童自我评价能力开始发展的时期。

14. C 【解析】 农村在没有幼儿园的地方可建立学前班,目前,学前班是我国农村学前教育的主要形式。

15. B 【解析】 想象是在人脑中对已有表象进行加工改造而创造新形象的过程。

16. C 【解析】 婴儿对物体的触觉探索最早是通过口腔的活动进行的。

17. A 【解析】 规则游戏是教师根据教育、教学目的,按照一定的目标设计游戏,旨在促进教育、教学任务的完成。

18. D 【解析】 1904 年 1 月,清政府颁布《奏定学堂章程》,规定学前教育机构为"蒙养院”。

19. B 【解析】 注意是影响心理过程的一种心理现象，不是一种独立的心理过程。

20. A 【解析】 发展的关键期概念是心理学家根据人身心发展的不均衡性提出来的。

二、名词解释(共 6 题，每题 3 分，共 18 分)

1. 家长学校是向家长系统介绍家庭教育知识的一种形式。家长学校通过经常开设系列讲座，来充实家长的保教知识。

2. 创造性游戏是幼儿根据自己的生活经验，以想象为中心，主动、创造性地反映周围现实生活的游戏。

3. 手眼协调指眼睛的视线和手的动作能够配合，手的动作和眼球的运动协调一致，即能抓住看到的东西。

4. 气质是个人心理活动的稳定的动力特征。

5. 社区幼儿教育是指在我国以学前儿童及家庭为对象开展的各种形式的优生、优育、优教活动，目的在于尽可能使社区内所有学前儿童获得良好的教育和发展。

6. 同伴关系是指年龄相同或相近的幼儿之间的一种共同活动并相互协作的关系，也是指同龄人或心理发展水平相当的个体在交往过程中建立和发展起来的一种人际关系。

三、简答题(共 4 题，每题 6 分，共 24 分)

【答案要点】

1. (1)成熟；

(2)练习和习得的经验；

(3)社会性经验；

(4)具有自我调节作用的平衡过程。

2. (1)制定主体和约束力不同；

(2)基本属性和表现形式不同；

(3)制定程序与实施方式不同；

(4)稳定程度和调整范围不同；

(5)公布的范围不同。

3. (1)针对性原则。针对性原则是指对学前儿童社会教育活动评价时，要讲究“务实”，即针对活动的特点进行评价。

(2)过程性原则。过程性原则有两方面的含义：一是指对学前儿童社会教育活动的评价是一个动态持续的过程；二是指根据学前儿童社会教育活动的特点，评价时应侧重对社会教育活动过程的评价，即活动过程对目标的还原和学前儿童的活动过程。

(3)全面性原则。全面性原则主要是指评价学前儿童社会教育活动的内容要全面,不能以点带面、以偏概全。

4.(1)知道自己的性别,并初步掌握性别角色知识(2~3岁);

(2)自我中心地认识性别角色(3~4岁);

(3)刻板地认识性别角色(5~7岁)。

四、论述题(共2题,每题12分,共24分)

【答案要点】

1.(1)创设情境,激发求知欲;

(2)营造宽松的活动环境;

(3)有意识支持并促进幼儿的创造性思维;

(4)培养幼儿的好奇心与想象力;

(5)蒙台梭利的感知训练与幼儿的创造力。

2.(1)强调儿童的发现;

(2)强调教育应当尊重自然;

(3)教育的阶段论。

五、案例分析题(共1题,每题14分)

【答案要点】

儿童心理发展是遗传和环境相互作用的结果。

(1)环境影响遗传物质因素的变化和生理成熟。生理成熟主要是按照遗传的程序进行,但是环境对生理成熟也有相当有力的影响。

(2)遗传素质及其后的生理发展制约着环境对幼儿心理的影响。环境可以对遗传因素起一定的影响作用,但是环境不能从根本上改变遗传因素及幼儿的生理成熟进程。

(3)对影响幼儿心理发展的客观因素应作具体、综合的分析。在幼儿心理发展的不同方面,遗传和环境起作用的情况有所不同,比如,对双生子的研究说明,在体格发育上,遗传因素的影响大大超过环境因素;在一些肌肉力量和对体育运动的适应能力上,环境因素则常常大于遗传因素。

教师公开招聘考试教育理论基础知识
押题预测试卷(五)参考答案及解析

一、单项选择题(共20题,每题1分,共20分。在每题的四个备选答案中选出一个正确答案,并将正确答案的序号填入题前括号内。错选、多选或未选均不得分。)

1. B 【解析】《教师资格条例》第十六条规定,教育行政部门或者受委托的高等学校在接到公民的教师资格认定申请后,应当对申请人的条件进行审查;对符合认定条件的,应当在受理期限终止之日起30日内颁发相应的教师资格证书;对不符合认定条件的,应当在受理期限终止之日起30日内将认定结论通知本人。

2. D 【解析】5岁左右幼儿的想象已具有一定的有意性和目的性。但想象的内容是零碎而缺乏组织的。随着年龄的增长,教育的影响,幼儿想象的有意性开始发展并逐渐丰富。

3. B 【解析】近期目标也称短期目标,指在某一阶段内要达到的教育目标。

4. C 【解析】婴儿刚出生时各项感觉能力都很弱,其中味觉是最为发达的感觉。

5. B 【解析】遗传素质是指遗传的生物特征。

6. B 【解析】学前教育是基础教育的基础、终身教育的开端。

7. C 【解析】家长是教师了解幼儿的最重要的渠道。

8. A 【解析】老师正确的做法是立即让学生去喝水。

9. B 【解析】我国幼儿园管理主要是由地方政府负责。

10. B 【解析】言语开始萌芽一般发生在婴儿满半岁以后。

11. D 【解析】新生儿听觉有一定偏好,一般来说,新生儿爱听高音调的声音。

12. C 【解析】教幼儿认识简单的字不是托儿所的保教任务。

13. B 【解析】此时教师应该察看小明是否受伤,同时不制止他哭,让他把内心的恐惧发泄一下。

14. B 【解析】成人应留心幼儿自我中心言语的同时,应尽可能地通过幼儿的自言自语去观察他们、了解他们、帮助他们,使其发展成为真正的外部语言。

15. A 【解析】青春期被称为“第二断乳期”。

16. D 【解析】复述是短时记忆转入长时记忆的条件。

17. B 【解析】新生儿动作发展遵循由大到小、由远及近的原则。

18. C 【解析】意义识记,指根据事物的内部联系,在理解的基础上进行的识记,故也称理解记忆。

19. C 【解析】 对喂奶姿势的吸吮反射属于新生儿的条件反射。

20. D 【解析】 我国幼儿园教师资格认证没有对性别作出要求。

二、多项选择题(共 10 题,每题 2 分,共 20 分。在每题的备选项中,有 2 个或 2 个以上符合题意,至少有 1 个错项。错选,本题不得分;少选,所选的每个项得 0.5 分)

1. ACE 【解析】 BD 与题意不符。

2. ABCD 【解析】 凡是能承载和传递教学内容的都是教学媒体。

3. BCDE 【解析】 幼儿园教育的特殊原则有:①保教结合原则;②以游戏为基本活动的原则;③教育的活动性和活动的多样性原则;④发挥儿童活动整体教育功能的原则。

4. ABCE 【解析】 本题是对特定时间段学前教育发展趋势的考查。20 世纪中叶以后,学前教育发展的新趋势有:①学前教育基本理论与实践模式的多样化;②学前教育目标的整合化;③学前教育机构类型的多元化和社区化;④学前教育方法的科学化。

5. ABDE 【解析】 本题是对幼儿园教学特点的考查。幼儿园教学的特点是:活动性与参与性、生活性与启蒙性、游戏性与情境性。

6. ABCD 【解析】 皮亚杰的儿童思维发展结构理论涉及“图式”“同化”“调节”“平衡”四个概念。

7. ABD 【解析】 以情感体验为主的方法“陶冶法”“共情训练法”“角色扮演法”;以观察实践为主的方法“行为练习法”“参观法”和“实践法”;以语言引导的方法“谈话法”“讲述法”“讨论法”“行为评价法”。

8. ABC 【解析】 DE 属于幼儿园的物质环境。

9. ABCE 【解析】 布鲁纳强调学习的主动性和认知结构的重要性,提出掌握学科基本结构的教学原则有四点:动机原则、结构原则、程序原则和强化原则。

10. ABC 【解析】 DE 是按照记忆的存储时间分类的。

三、名词解释(共 5 题,每题 3 分,共 15 分)

1. 内隐学习是指刺激结构高度复杂,关键信息不明显的情况下,即无意识状态下,无目的、自动化的加工活动,具有随意性。

2. 视敏度是指精确地辨别细致物体或辨别具有一定距离的物体的能力,也就是发觉一定对象在体积和形状上最小差异的能力,即通常所说的视力。

3. 迁移是指在一种情境中获得的技能、知识和理解或形成的态度对在另一种情境中获得的技能、知识和理解或形成的态度产生的影响。

4. 幼儿园是对3~6周岁的儿童进行教育的专门机构，主要由教育部门负责。

5. 儿童心理发展的连续过程中与一定阶段的年龄相对应的相对稳定的一般的、典型的心理特征，称为心理发展的年龄特征。

四、简答题(共2题，每题5分，共10分)

【答案要点】

1.(1)遵守宪法、法律和职业道德，为人师表；

(2)贯彻国家教育、保育目标，组织、带领幼儿开展有目的、有计划的教育活动；

(3)关心、爱护全体幼儿，尊重幼儿人格，促进幼儿的全面发展；

(4)制止有害于幼儿的行为或其他侵犯幼儿合法权益的行为，批评和抵制有害于幼儿健康成长的现象；

(5)不断提高思想政治觉悟和教育教学业务水平。

2.(1)从简单到复杂；

(2)从具体到抽象；

(3)从被动到主动；

(4)从零乱到成体系。

五、论述题(共2题，每题10分，共20分)

【答案要点】

1.(1)普及幼儿教育，建立中国化和平民化的幼儿教育；

(2)坚持教、学、做合一，倡导因材施教；

(3)重视培养儿童的创造力；

(4)创立培养幼儿师资的好方法。

2.(1)从想象的无意性发展到开始出现有意性；

(2)从想象的单纯再造性发展到出现创造性；

(3)从想象的极大夸张性发展到合乎现实的逻辑性。

六、案例分析题(共1题，每题15分)

【答案要点】

幼儿园与家庭合作时应遵循的原则有：

(1)尊重家长和他们正确的育儿方式；

(2)注意教师与家长及家长之间的相互作用；

(3)开拓家长工作的深度和广度。

现代教育理论认为，幼儿园与家庭是伙伴关系，家长和教师是平等的教育主体。在幼儿园与家庭的配合中，教师要坚持尊重家长、确立家长主体地位的原则，和家长相互支持、相互配合，从而达到园所教育和家庭教育的一致性。在小王老师和小张老师看来，教师是教育的权威，家长则是受教育者和受指责者，是幼儿园命令的执行者。其实质是否认了园所与家庭的伙伴关系，否认了家长和教师是平等的教育主体。因此，他们的观点是错误的。